本书为"重学育能塑魂：学科育人价值的深度开发与变革实践研究"阶段性成果。

U0747097

小学数学"学历课堂"的探索与实践

王海荣◎著

安徽师范大学出版社

ANHUI NORMAL UNIVERSITY PRESS

·芜湖·

图书在版编目(CIP)数据

小学数学"学历课堂"的探索与实践 / 王海荣著 . —芜湖:安徽师范大学出版社,2024.8

ISBN 978-7-5676-6509-5

Ⅰ.①小… Ⅱ.①王… Ⅲ.①小学数学课—课堂教学—教学研究 Ⅳ.①G623.502

中国国家版本馆CIP数据核字(2023)第199593号

小学数学"学历课堂"的探索与实践

王海荣◎著

责任编辑:孔令清　　　　　　　责任校对:吴毛顺　汪　元

装帧设计:王晴晴　冯君君　　　责任印制:桑国磊

出版发行:安徽师范大学出版社

　　　　　芜湖市北京中路2号安徽师范大学赭山校区　　邮政编码:241000

网　　　址:http://www.ahnupress.com/

发 行 部:0553-3883578　　5910327　　5910310(传真)

印　　刷:江苏凤凰数码印务有限公司

版　　次:2024年8月第1版

印　　次:2024年8月第1次印刷

规　　格:700 mm×1000 mm　　1/16

印　　张:10

字　　数:152千字

书　　号:978-7-5676-6509-5

定　　价:48.50元

凡发现图书有质量问题,请与我社联系(联系电话:0553-5910315)

学历课堂，让学生经历学习数学之"悦"

　　"学而时习之，不亦说（悦）乎？"人们对《论语》开篇这句话的解释，有"温故之乐"或"践行之乐"等不同的说法。王海荣老师的《小学数学"学历课堂"的探索与实践》，印证了我多年来对这句话的另一种体悟——"建构之乐"。作者通过"学历课堂"，让学生在建构数学知识过程中产生学习数学之"悦"。这本书所展现的，就是她开展小学数学"学历课堂"研究的心路历程。

　　课本上的公式、定理都背熟了，学生做题的准确性也比较高，但是，面对迁移情境或具体问题情境时，有些学生的做题水平陡然下降。此时，有家长会说孩子不努力，也有学生觉得自己的脑子笨。面对这一现象，数学教师作何感想？作者在书中举过这样一个例子：学生将三角形的三条边相加，能够得出这个三角形的周长，却不理解"周长"的概念，在稍微复杂的问题情境中就没了解题思路。要让学生掌握周长的概念，教师应为学生提供一个"小蚂蚁爬行三条边"的情境化学习支架——让学生只能用圆规和直尺画出特定长度线段，自主尝试与探究，完成"用一条线段表征三角形周长"的学习任务。在这种学历课堂上，学生在探究"一周边线"和"长度"关系的过程中，在思维层面经历对周长概念的本质和核心内容的探究，生成或发展了量感、空间观念、推理意识等数学核心素养。作者的教学设计从"教"转向"学"，从"结论式"教学转向"过程性"教学，从单一"讲授"转向为学生学习搭建各种"学习支架",学生在富有情境的学习任务中自主学习、自主探究,达成学习目标,完成一个富有挑战性和思维含量的学习过程。

不难看出,学生在学历课堂上的学习是真实的,经历了知识发生、思维发展和素养提升三个层面的"可视化"学习过程,完成了主动建构知识的过程。在此学习过程中,学生已有知识与新的知识、生活经验与抽象知识,时时发生多层、多次联结,并产生富有新意义的理解。这种联结与意义的实质是思维的练习与情感的磨砺过程,会化为学习者的成就感。而这种成就感,就是孔子所讲的"学而时习之"所产生的"悦",我称之为孔子的"建构之乐"。

华东师范大学崔允漷教授最先提出了"学历案",并在高中教学研究领域里取得了明显的成效,其实质是在课堂上落实"教—学—评一致性"。我认为,王海荣老师提出的小学数学学历课堂,是"学历案"在小学数学教学领域的深化性探索与创新。作者依据小学生的心智特点与水平,以数学核心素养为导向,通过有思维梯度的自主学习支架与评价量规,引导学生经历数学概念与能力的建构过程,使学生在深度学习过程中自主建构数学经验和可迁移的数学素养。因此,学历课堂有利于提高小学数学课堂效率,转变教学观念,化"被动学习"为"自主学习";可强化课堂教学关注学习目标、学习方式、过程评价和个性发展等教学理念,为教研组备课、研课和说评课定位等诸方面改革提供一些新思路。

令人钦佩的是,我在拜读本书的课例时,没有看到老师首先向学生展示或让学生读出"学习目标"的文字。这点让我很欣喜,作者在理解"教—学—评一致性"或"可视化学习"等问题上,与我本人是同道知音。我以为,注重述写学习目标虽然是体现教学"以学习为中心"的重要标志,但是在课堂上将学习目标直接呈现给学生的做法是非常不妥的,是违背教学与学习基本逻辑的。如果学生提前阅读和了解了学习目标,就会知道自己"在哪里"或应该"向哪里去"。这种期待或想法,把被动学习的学生想象成了具有超出成人学习动机或富有理性学习动机的超人，使得学习是一厢情愿的。因此，我认为，学习目标的厘定是教学设计范围之内的事。教学设计应基于以学生为主语的学习目标，而不是以教师为主语的教学目标，这是一种教学设计逻辑的转变，体现了教学以学生的学习为中心的转变，也是实现"教—学—评一体化"设计的前提。学习目标的表述具有结果性和非情境性等特点，若老师直接将之呈现给学生，只能干扰甚至压抑学生的学习情绪或学习动机。王海荣老师所设计的学习支架是学习目标情境化的学习任务，恰当地处理了学生学情与学习目标、学习内容与思维梯度、学习过程与过程评价等相关要素的关系，折射出了她将理论与实践有机结合的学术涵养与实践智慧。

子曰：知之者不如好之者，好之者不如乐之者。学历课堂的核心要义就是搭建各种学习支架促进学生学习，让学生依靠教师搭建的学习支架与未知的知识打交道，经历整个真实的学习过程。本书所呈现的小学数学学历课堂，使学生经历知识发生、思维发展和素养提升的"可视化"学习过程，是引导学生从"知之者"走向"好之者"直至"乐之者"的过程，是学生在经历学习数学之"悦"中发展数学素养的过程。王海荣老师多年来孜孜以求，以这种高境界的课堂教学，引领学生逐步迈入学习的高境界，实现了身为省级优秀教师、齐鲁名师的初心，展示着她作为新时代领军教师的风采！

相信此书的付梓，必将为深化小学数学课程与教学改革作出积极的贡献；更期望此书成为作者从名师走向教学名家、大家的起点，为中国式教育现代化贡献一点齐鲁智慧！

代为序！

李文军

（山东省教育科学研究院副院长，哲学博士）

2023 年 6 月于泉城

目　录

第一章 学历课堂研究背景综述

当下课堂教学正在发生着深刻的变化，逐步从知识核心时代走向核心素养时代。未来基础教育的顶层理念是强化学生的核心素养，从而达成育人的目标。2014年4月，教育部印发了《关于全面深化课程改革落实立德树人根本任务的意见》，强调各级各类学校要从实际情况和学生特点出发，把核心素养和学业质量要求落实到各学科教学中。

2016年9月13日，《中国学生发展核心素养》总体框架正式发布。其中指出：学生发展核心素养，主要指学生应具备的、能够适应终身发展和社会发展需要的必备品格和关键能力。在学科领域中，学生发展核心素养具体化为学科素养。

2017年，《普通高中数学课程标准（2017年版）》正式发布，该标准是"核心素养"概念发布后的修订课标，明确提出以核心素养为本，推进数学课程深层次的改革，并且在课标中首次明确了数学学科核心素养的概念。

2022年，《义务教育数学课程标准（2022年版）》正式发布，将义务教育阶段数学学科核心素养表述为"三会"：会用数学的眼光观察现实世界；会用数学的思维思考现实世界；会用数学的语言表达现实世界。

至此，培养学生的学科核心素养掀起了基础教育教学改革的大潮。课堂是落实学科核心素养的主阵地，教师就是学科核心素养落地的主力军，学科核心素养导向下教师的教和学生的学不再是为简单记忆教材里规定的内容来应对考试，而是通过课程内容的学习，让真实的学习发生，把重结论、重标准答案的灌输中心课堂转变为以学习为中心的、以素养为本的对话中心课堂，最终实现人的全面发展。我们要从重视结论式的知识与技能教学转向通过学生经历知识学习的过程，从而培养学生核心素养。核心素养的落实，不仅仅是对教学内容的选择和变更，更是学习方式和教学理念变革的风向标。因此，开展小学数学"学历课堂"的探索与实践对学生学科核心素养提升具有重要的理论意义和实践价值。

一、国外对数学核心素养的研究综述

美国全国数学督学理事会在《面向 21 世纪的基础数学》报告中指出，学生必须具备十二个主要领域的数学能力，包括解决问题、交流数学思想、数学推理、把数学应用于日常生活情境、注意结论的合理性、估算、适当的计算方法、代数思维、测量、几何、统计和概率。

1989 年，NCTM（美国数学教师协会）出版的《学校数学课程与评价标准》，对"有数学素养"提出五个条件：学会认识数学的价值，建立有能力做数学的信心，成为数学问题的解决者，学会数学地交流和学会数学地推理。

1993 年，《新西兰课程框架》提出八项基本技能（交际技能、计算技能、处理信息技能、问题解决技能、自我管理与竞争技能、合作技能、运动技能、工作和学习技能），作为培养青少年的课程框架。随着国际上对核心素养的关注，新西兰将这八项技能重组、整合，并上升到素养层面。在借鉴经合组织的核心素养定义基础上，结合本国教育理念，将核心素养定义为人们已经具备并需要发展的能力，是为了当前和未来更好地生活和学习。2007 年，新修订的《新西兰课程》又提出了思考力、人际关系的能力、使用语言及符号和文本、自我管理能力、参与及贡献五种核心素养，并建构了相应的发展核心素养的网络。课程标准规定了课程的基本原则，设计了独有的课程体系，由核心素养、学习领域、基本技能、态度与价值观构成。

PISA（国际学生评估项目）基于能力要素的分析，将数学核心素养细化为八项能力指标，分别是：①思考与推理；②论证；③交流；④建模；⑤问题提出和解决；⑥表征；⑦运用符号的、形式化的和专业性的语言和操作；⑧运用辅助手段和工具。此外，根据解决不同数学问题所需能力的认知特点，将数学核心素养划分成三个能力群，分别为再现能力群、关联能力群和反思能力群。

总之，国外的研究关注数学核心素养的具体构成成分。美国教育委员会的Steen（2001）认为，数学核心素养包括对数学的自信、文化欣赏、解释数据、逻辑思考、决策、数学化、数感、实践技能、必备的知识和符号感。加拿大有些地区将数学推理、数学情境性问题解决能力以及会使用数学语言交流作为数学核心素养。除此之外，还有一些研究提出数学核心素养是有情境性的，具体包括数学思维能力、符号和形式化能力、建模能力等。

二、国外对核心素养导向下的课堂教学研究综述

在国际教育改革与发展的浪潮中，许多教育组织都在推动研究学生学习方式的变革。在搜索文献资料的过程中，与之相关的记录有几千条，结合当下教育教学实际，对我国基础教育课堂教学改革影响比较大的当属美国的翻转课堂和项目式学习以及芬兰的现象式教学。下面简要综述这三种课堂教学方式。

（一）翻转课堂

从2011年起，"翻转课堂"在美国学校里逐渐流行起来。所谓翻转课堂，就是教师先创建视频，学生在家中或课外观看视频中教师的讲

解，再回到课堂上师生面对面交流和完成作业的一种教学形态。这是一种颠倒传统教学方式的教学方法。

翻转课堂从以下三个方面改变了学生的学习：一是"翻转"让学生自己掌控学习。翻转课堂后，利用教学视频，学生能根据自身情况来安排和控制自己的学习。学生在课外或回家看教师的视频讲解，完全可以在轻松的氛围中进行，不必像在课堂上那样紧绷神经，担心遗漏什么，或因为分心跟不上教学节奏。学生观看视频的节奏快慢全由自己掌握，懂了的快进跳过，没懂的倒退反复观看，也可暂停仔细思考或记笔记，甚至还可以通过聊天软件向老师和同伴寻求帮助。二是"翻转"增加了学习中的互动。翻转课堂最大的好处就是全面提升了课堂的互动，具体表现在教师和学生之间以及学生与学生之间。由于教师的角色已经从内容的呈现者转变为学习的教练，这让教师有时间与学生交谈，回答学生的问题，参与到学习小组，对学生的学习进行个别指导。当学生完成作业时，教师会注意到部分学生被相同的问题所困扰，于是就组织这部分学生成立辅导小组，为解决相同的问题举办小型讲座。小型讲座的美妙之处是当学生遇到难题时，教师能及时地给予指导。三是"翻转"让教师与家长的交流更深入。翻转课堂要求家长参与到孩子的学习过程中，这不仅改变了家长的角色，从"督者"转变为"学者"，也意味着家长需要提升自己的信息技术素养，构建学习型家庭，与学校形成更紧密的合作关系。这种角色的转变和合作的加深，无疑会促进教师与家长之间的深入交流。

（二）项目式学习

项目式学习是一种以学生为中心的教学方法，教师利用一些关键素材构建一个环境，学生组建团队通过在此环境里解决一个开放式问题来学习。需要注意的是，项目式学习过程并不要求学生通过一个既定的方法来解决问题。它更强调学生在试图解决问题的过程中发展答题技巧和能力。其中包括如何获取知识，如何计划项目以及控制项目的实施，如何加强小组沟通和合作。项目式学习最初是为了医学教学而发展出来的，后来被广为传播，继而使用在其他各个学科的教学中。项目式学习的过程赋予了学习者应对未来挑战的能力。

项目式学习通常是在一个学习小组中进行，学生在这个小组中有各自的角色，而且这个角色会不断轮换。在项目式学习中，学生的学习是通过自己的思考和推理来实现的。该过程分七步，具体包括弄清概念、定义问题、头脑风暴、构建和假设、制订学习目标、独立学习和概括总结。简而言之，就是搞清楚他们已经知道的，他们需要知道的，去哪里以及如何获得新的有助于解决问题的信息。老师的角色是通过支持、建议和指导来帮助学生更好地学习。老师要帮助学生培养敢于接受难题的自信心，不断鼓励学生，并且在必要时拓展他们对问题的理解能力。项目式学习代表了传统的基于论文的教学模式的转变，与传统的照本宣科教学不同，它需要更多的准备时间和材料来指导各个小组的学习。

（三）现象式教学

现象式教学，或称"跨学科学习模块"，由芬兰国家教委会于2014年12月发布的1—9年级《基础教育国家核心课程大纲》提出。该大纲明确提出，每所学校每一学年至少要进行一次跨学科学习模块教学，即现象式教学（"现象"一词，指事物的整体面貌，而非分割为各个领域与学科）。现象式教学即事先确定一些主题，然后围绕这些主题，将相近的学科知识重新编排形成学科融合式的课程模块，在同一模块中囊括经济、历史、地理等各种跨学科的知识，以主题贯穿学习，以这样的课程模块为载体，实现跨学科教学。

现象式教学更加注重跨学科知识的综合运用，而且任务目标的选择，更多地来自学生日常所能接触到的"现象"，如设计旅行方案，这样的项目任务更加生活化和情境化，有助于学生认识和理解。围绕特定的主题，结合项目式、情境体验式和合作学习，实现跨学科教学，培养学生的综合能力。首先，它让所学回归生活，鼓励学生以生活中的真实现象或学生关心的主题为学习内容。这与杜威在《学校与社会·明日之学校》一书中提出的观点是一致的,"学校科目相互联系的真正中心,不是科学,不是文学,不是历史,不是地理,而是儿童本身的社会活动"。其次,现象式教学又传承了"在做中学"的理念,让学生在项目合作中学习沟通技能,学会解决问题,学会对他人的观点或身边现象进行反思批判,是一种将21世纪技能培养和科目教学相结合的新型教学方法。最后,现象式教学是"以学生为中心"的教学过程,从现象或话题的选择,到课堂实践和学习,再到学习效果评估,学生都是实施的主体。

三、国内对数学核心素养的研究综述

国内关于数学核心素养的研究,孵化期较长,大致经历了从"数学素养"到"数学核心词"再到"数学核心素养"的过程。

(一)数学素养

2000年版初中、高中数学教学大纲,提出"数学素养"这一概念,将"思维能力、运算能力、空间想象能力(空间观念)、解决实际问题的能力、创新意识、良好的个性品质和辩证唯物主义观点"七项内容纳入"数学素养"范畴。2002年版《全日制普通高级中学数学教学大纲》、2003年版《普通高中数学课程标准(实验稿)》和2004年版《上海市中小学数学课程标准(试行稿)》关于"数学素养"均作出了相关阐述。

(二)数学核心词

《义务教育数学课程标准(2011年版)》正式提出"核心词"这一概念。该课标指出的十个核心词分别是:数感、符号意识、空间观念、几何直观、数据分析观念、运算能力、推理能力、模型思想、应用意识和创新意识。

（三）数学核心素养

最近几年，有关数学核心素养的研究被提到议事日程，各学者的观点不尽一致。东北师范大学教育科学学院院长马云鹏教授认为，《义务教育数学课程标准（2011年版）》明确提出的十个核心词就是核心素养，即数感、符号意识、空间观念、几何直观、数据分析观念、运算能力、推理能力、模型思想、应用意识和创新意识。在解读数学课程标准等一些材料中，他曾把这些称为核心概念，但严格意义上讲，称这些词为"概念"，我认为并不合适，这些词是思想、方法或者关于数学的整体理解与把握，是学生数学素养的表现。

对《义务教育数学课程标准（2011年版）》提出的十个核心词，上海特级教师曹培英老师从数学思想方法与数学内容领域两个层面入手，建构了一个数学核心素养体系。（如图1）

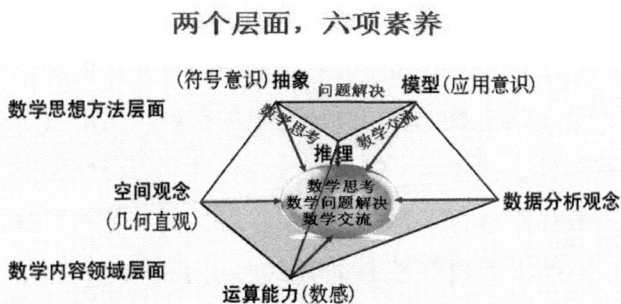

图1　数学核心素养体系

从图中可以看出，六种核心素养是十个核心词聚类分析的结果。曹培英认为，尽管"抽象"不在核心词之列，但它在小学数学教学中的核心价值与重要地位是毋庸置疑的。

重庆市教育科学研究院初等教育研究所所长康世刚博士的研究表明，数学核心素养由数学知识素养、数学应用素养、数学思想方法素养、数学思维素养和数学精神素养五个要素构成。五者之间的关系是，数学知识素养是数学的本体性素养，其他素养是在数学知识素养的基础上拓展出来的，而数学精神素养、数学思维素养以及数学思想方法素养只有在主体处理具有真实情境的问题中才能表现出来，所以，通过数学应用可以判断主体不同层面的数学素养。

另外，《普通高中数学课程标准（2017年版2020年修订）》指出，数学核心素养是具有数学基本特征的思维品质、关键能力以及情感、态度与价值观的综合体现。该课程标准还明确提出了数学学科的六大核心素养，即数学抽象、逻辑推理、数学建模、直观想象、数学运算和数据分析。这引起了教育教学工作者对核心素养培养的极大重视，也为我们更好地认识义务教育阶段数学核心素养提供了重要的依据。

综合上述观点可以看出，国内关于数学核心素养的研究主要体现在概念界定以及要素构成上。马云鹏认为，数学核心素养是数学学习者在学习数学或学习数学某一个领域所应达成的综合能力，并将《义务教育数学课程标准（2011年版）》提出的十个核心词作为数学核心素养的构成要素，并且致力于研究数学核心素养与数学相关概念的联系与区别。朱立明认为，数学核心素养离不开数学知识与技能，但又是高于数学知识与技能的，是凌驾于数学思想方法之上的，同时提出数学核心素养具有阶段性、持续性、抽象性、情境性、综合性与习得性特征，并且尝试对数学核心素养体系进行了构建。曹培英根据《义务教育数学课程标准（2011年版）》提出的数学核心词尝试构建了一个数学核心素养体系（三棱台结构体系），在这个体系中包含了六种数学核心素养。除此之外，张奠宙教授认为，数学核心素养应具备"真、善、美"三个维度的特征：能够理解理性数学文明的文化价值；具备用数学思想方法分析和解决实际问题的基本能力；能够欣赏数学智慧之美。

小学数学核心素养的理论体系在2022年版数学课程标准发布之前，均在构建与完善之中。不管是对其内涵、特征的界定，还是要素构成、评价机制的分析，以及相关理论问题的探讨，学者们都存在不同的看法。但在这里，我认为"数学品格"这一数学素养要素被忽略了，没有得到应有的重视。

直到《义务教育数学课程标准（2022年版）》标准发布，义务教育阶段的核心素养方才明晰为：会用数学的眼光观察现实世界；会用数学的思维思考现实世界；会用数学的语言表达现实世界。在义务教育阶段，数学眼光主要表现为抽象能力（包括数感、量感、符号意识）、几何直观、空间观念与创新意识；数学思维主要表现为运算能力、推理意识或推理能力；数学语言主要表现为数据意识或数据观念、模型意识或模型观念、应用意识。

四、国内对核心素养导向下的课堂教学研究综述

裴娣娜教授在《为了每一个学生：中国课堂教学改革40年的实践探索》一文中对我国基础教育改革中"要构建什么样的课堂"这一问题作了综述。我国中小学实践工作者打通了理论向现实转化的路径，创生了名目繁多、各有特色的课堂形态。（1）基于生命自觉的课堂。如生命课堂、生本（学本）课堂、快乐课堂。（2）基于情境教育、生态观、素质教育、教学文化的课堂。这种课堂致力于创设问题情境，展示思维过程，使学生有较高的思维活动的质和量。（3）基于回归生活的课堂。其教学关注点是"联系生活""创设情境""活动体验"。（4）基于合作交往的课堂。这类课堂更关注学生的社会交往意识、社会角色规范和社会交往技能，引导学生学会合作，学会人际协调，相互尊重，自尊自信，培养学生社会适应能力。（5）基于信息技术条件下的智慧课堂、个性化学习课堂。此外，还有关注成效的若干"高效课堂"，体现为区域性推进的"品质课堂""自主学习与发展的课堂"等。

在国内的课堂教学研究中，最具有代表性的是华东师范大学崔允漷教授倡导的应用学历案的课堂教学。学历案是关于学习经历或过程的方案，是指教师在班级教学情境下，围绕某一具体学习单位（主题、课文或单元），从期望"学会什么"出发，设计并展示"学生何以学会的过程"，以便学生自主建构经验和知识的专业方案。它是教师设计的、规

范或引导学生学习用的文本，是学生通向目标达成的脚手架。它是一种学校课程计划、学生学习的认知地图、可重复使用的学习档案，是师生、生生、师师互动的载体，也是学业质量监测的依据。学历案记录着每一个学生学习过程的学业表现，由于单元或主题或课文是最小的学习单位，因此可称之为"微课程"。课堂教学可以通过改变学习方案，解决课堂教学中普通存在的"虚假学习""游离学习"等问题，实现在课堂情境中最大化的"在学习""真学习"。崔教授的主张是：教师教学专业的全部作用就是引起学习、维持学习与促进学习，教师的角色是学习的促进者——通过促进儿童更好地学习来实现自身的专业发展。

另一位对课堂教学影响比较大的是华南师范大学郭思乐教授，他主张生本课堂。生本课堂体现了"以学定教"的教学理念。只有建立在学生认知水平、知识能力最近发展区上的"以学定教"课堂教学才能具有较强的针对性，教师的教与学生的学也才能最大程度发生共振共鸣；只有把学生当作学习任务的首要责任人，教师由教的控制者变为学生学习的共同体，充满生机与活力的课堂才能实现；也只有当教师不拘泥于预设的教案，眼中有学生，能及时捕捉到学习进程中的信息并快速调整自己的教学思路时，课堂教学才能是有效的。同时，教师还要把思考的权利、时间和空间还给学生，让学生有充分表达自己思想和展示思维过程的舞台，让他们在质疑问难和讨论交流中获取知识，提升能力，感受成功的愉悦。

目前，关于小学生核心素养养成的教学方式的探究，更多的关注点在于学生学习方式的改变，如吴正宪提出了"创设'好吃又有营养'的儿童数学教育观"，周浩认为小学数学教学中应采用尝试·分享·导学的自主学习贯穿教学全过程。同时，陈春妮也主张课堂教学应引导学生以分析、评价、创造为主的学习方式，促进自身高水平的思维参与。另外，一些学者对教学方式的探究也从其他侧重点给予关注。一方面，小学生核心素养养成的教学方式应以先进的计算机技术为辅助。小学数学教学应注重思维可视化，强调运用一系列的图示技术把原本不可见的思维呈现出来。另一方面，教学方式应与学生的社会实践相结合。小学数学的教学应联系生活，采取情境性呈现、生活激趣、活动参与等多样而简朴的教学方式进行教学。

　　这些课堂教学的改革从不同侧面指向学生数学核心素养的形成，但是学生数学核心素养的形成是一个课堂教学系统性的工程。它是教师教学理念的变革，从"教"转向"学"，从"结论式"教学转向"过程性"教学，从"讲授"这一单一方法转向为学生搭建各种"学习支架"，让学生回归自主学习、自主探究的学习历程。

　　关于学历课堂，在中国知网搜索关键词"学历课堂"，搜索结果为0。也就是说，关于这一领域的研究尚处在前沿的探索阶段，没有现成的经验可以借鉴，同时也说明了该课题研究的创新性。

第二章　学历课堂概述

一、学历课堂的定义

学历课堂是指教师通过搭建有效的学习支架，让学生经历知识建构和思维创生历程的课堂。学历课堂指向的是学生真实性的学习，它包含让学生经历知识发生与发展的历程、思维发展与创生的历程和数学素养提升的历程三个层次。（如图2）

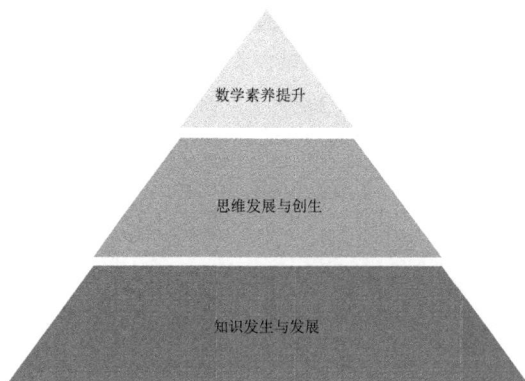

图2　学历课堂的体系建构

学历课堂的实施策略为，教师立足学生的学习需要，搭建合适的学习支架，让学生经历数学知识的"再发现"过程。在课堂教学中，通过让学生经历运算与推理、几何直观、数据分析和问题解决的历程，逐步掌握基本的数学知识和方法，形成良好的数学思维习惯和应用意识。学生通过课堂的学习历程提高自己解决实际问题的能力，感受数学创造的乐趣，增进学好数学的信心，获得对数学较为全面的体验和理解，从而有效落实数学学科核心素养。

学历课堂重在一个"历"字，这与建构主义的观点不谋而合。如果说"学什么"是给学生提供了学习的素材，指引学生学习的方向，那么"怎么学"则必须是由学生亲身经历、亲身实践、亲身尝试，这个过程是教师、家长等角色不能替代完成的，也是教师讲解所不能代替的。

学历课堂秉承"知其然更知其所以然"的理念，注重展示学生解决问题的结果，更加凸显学生解决问题的思考过程。小步子，搭梯子，这样学生就可以独立自主展开学习。这个过程可能是：独立思考，自己尝试解决问题；借助教材，学习教材，将教材上的知识内化为自己的知识，然后解决问题；学习教材，教师指导，找到解决问题的思路，然后自己解决问题……无论哪种方式，学生都经历了完整的学习知识的过程。

学历课堂追求从"关注结果"到"凸显过程"的转变。学历课堂目标指向不再仅仅是对知识与技能的学习，更加注重过程与方法；以知识为载体，教师搭建学习支架，将学习方法的获得引向纵深，让"怎么学"可视化，即让学生在课堂学习过程中留下思考的痕迹，并能从中感悟到学习的方法，形成学习的能力，最终达成学习素养的提升。学生要富有智慧地成长，就必须经历自己学习的过程，在历学中历练，在历学中发展。

二、学历课堂是素养导向课堂的新样态

2022年版课程标准的发布与实施，标志着课堂教学进入了素养导向时代，其本质特点就是"学为中心"。学历课堂的内涵特征就是追求学生学习方式的变革，旨在改变学科知识过程的接受性，提倡学生经历学

科实践活动，像学科专家一样思考和探究。让学生经历学习历程，改变结论式的教学现状，是建构主义理论在课堂教学中的探索与实践。

学历课堂作为素养导向课堂的新样态，主要表现在以下几点：

一是聚焦学生发展。2022年版课程标准在课程定位上突出以人为本，从知识作为目的的科目知识本位回归知识为人服务的学生发展本位。课程标准坚持以学生发展为本，通过聚焦核心素养来落实立德树人的根本任务，达成发展素质教育的目的。在课程核心素养的凝练中，该课程标准凸显了义务教育阶段核心素养的时代性、基础性和成长性，从儿童当下的身心特点和生活经验出发，使学习内容、学习方式与儿童的身心发展规律相适应。学历课堂的研究就是从学生如何学习的角度出发，以学生的发展为中心，以提升学生的素养为终点来研究课堂教学，较好地体现了课标以人为本的理念。学历课堂改变了传统教学研究从"如何教"的角度去思考课堂教学，也改变了从培养学生某一个知识与技能的狭隘视角进行教学研究。学历课堂从学生的学习能力培养出发，让学生经历知识的探索发现、思考学习、应用实践这样一个完整的历程，这是对学生核心素养的培养，着眼于培养完整的人，从而实现立德树人的教育根本任务。

二是聚焦实践能力培养。增强课程实践性就是破解机械重复训练教学顽疾的教学内容和教学方式的改革。2022年版课程标准在课程设计上从培养学生面对真实情境解决现实问题的能力、在课程的综合性和实践性方面有了突破，促进了学习方式和人才培养方式的变革。该版课程标准特别重视探究式教学，加强"做中学、用中学、创中学"的理念，该理念的实质就是让学生经历知识的发现、迁移、创造的历程，从中达成提升核心素养的目的。学历课堂一个鲜明的特征就是重在一个"历"字，其内涵就是课标实践能力培养最好的体现。

三是探索素养导向的课堂教学新常态。2022年版课程标准的颁布标志着课堂教学向素养导向转型迭代，作为实践一线的学校和教师应该探索教学改革的新理念，形成教学的新常态。素养导向的课堂教学不是不要知识的教学，而是要改善知识学习过程的教学，要从"知识传递型的讲授教学"转向"知识建构型的探究教学"，化信息为知识，化知识为理论，化理论为方法，化方法为素养。素养导向的课堂教学新常态是指要将"知识内容单位"向"学习活动单位"转型，实现知识建构的教学组织形式，即通过情境性、项目化、问题解决的学习任务，将科目知识镶嵌在其中，促进学生为解决问题而同步完成自主、合作、探究的知识学习，并在掌握知识的同时发展解决未知问题的能力和素养。

综上所述，素养导向的课堂教学必须改变传统课堂上靠单一的讲授式的结论式教学，要让学生经历学习的历程，让学习真正发生在问题解决的过程之中，从而发展能力，提升素养。换言之，素养导向的课堂新样态就是追求学习历程的课堂，这也是学历课堂的内涵所在。

三、学历课堂让学生经历真实的学习历程

建构主义理论告诉我们，学生的学习是一个自我建构的过程。那么，学生真实的学习历程就应该是一个缓慢而复杂的过程。然而与其形成强烈对比的是，我们的数学课堂教学过程多是以快速而简单的"结论式"教学方式完成的。从教学目标的确立来看，教师过分地强调知识内容的传授，很少关注学生是否真实地经历知识形成的过程，学习者学习进程中的情感、态度和自我价值往往被束之高阁。从教学内容的处理来看，教师对于教科书上的教学内容不能进行以学习者为中心的处理，学生面对没有挑战性的学习内容，学习的意愿和动机很难被激发。从教学过程的设计来看，教师多从"多、快、好、省"效率视角进行"教学设计"，而较少从学生真实学习发生的生本视角进行"学习设计"，教学过程多表现为固化知识内容的机械重复，很少向学生提出指向学科素养培养的挑战性问题。久而久之，学生便丧失了思考能力与解决问题的意愿。"满堂灌"的讲授方法被一些教师视为节约时间的主流教学方法，课上学生仿若置身事外的"他者"，整个教学过程如"沉默的羔羊"，自主学

习能力和主体意识渐趋弱化。

学历课堂要求教师层面要设计素养为刚的教学目标，学生层面要设计素养为刚的学习目标，做好"教"与"学"的有效衔接。事实上，除了老师讲，学生听、记、练、考等间接认识路径外，学生还有其他获取知识的路径。学生可以投身于学科实践，像学科专家一样思考和探究。就学科知识学习而言，学生本来就是未知者，教师真正的责任不是直接告诉学生知识怎么理解、怎么记忆，要防止告知式的表层学习。教师应该创设情境，帮助学生同其本来就未知的知识打交道，掌握已知学科知识，同时发展同未知领域和问题打交道的能力和信心。学历课堂的核心要义就是搭建各种学习支架促进学生学习，让学生依靠教师搭建的学习支架与未知的知识打交道，经历整个真实的学习历程。

例如，小学数学三年级《认识周长》这一课的教学目标一般都会有这样的表述：

（1）知识技能：理解周长的含义，能正确指出并能测量简单图形的周长；

（2）数学思考：通过观察、操作等活动发展直观想象能力；

（3）问题解决：通过测量和计算周长体验解决问题方法的多样性；

（4）情感态度：体会获得成功的乐趣，发展对数学的兴趣。

通过课堂观察可以发现，大多数教师认为学生只要有了以下表现，就表明已经实现了教学目标，并且"学足学好"了：①能正确说出什么是周长；②能正确指出不同形状图形或物体表面的周长；③知道只有封闭图形才有周长；④知道周长只包括边线长度而不包括图形内部的线段长度；⑤会用不同方法测量和计算图形或物体表面的周长；⑥知道周长相等的图形的形状和大小不一定相同……

不难看出，教师达成教学目标的一般做法就是，将学习目标分解为一系列"小知识点"，认为将这些"小知识点"全都教给学生就是"学足"，学生能够全部通过对这些"小知识点"的随堂检测就是"学好"。这样做的好处是，可操作性强，课堂易于把握，能够保证教学不跑偏。

教师在考虑各个"小知识点"时，也充分考虑了本节课的内容以及可能的"考点"，这样做也有利于学生在未来的学科考试中取得好成绩，从短期来看见效较快。这是典型的指向知识学习的结论式教学，最终达成的教学效果是虽然提高了分数，但是未能达成赋能的目的。

近年来，探究学习、合作学习、自主学习、动手实践等新型学习方式应用较为广泛。但大多数教师都是在以往分解教学目标的思路上继续做加法，为每个"小知识点"再设计一些自主学习活动。我们常常会看到，学生在课堂上按照教师设计好的一系列活动，对各"小知识点"逐个进行探究。但毕竟时间有限，教师为了节约时间，会不断干预学生自主探究的过程，强行牵引学生的思维，让学生跟着自己不断靠近既定的学习结果，导致这些自主学习活动并没有对学生的自主学习能力、独立思考能力和数学学习能力有多大帮助。这里的问题可能出现在知识点的分解上，把一个目标分成数个能操作、能检验的"小知识点"虽有好处，但在一定程度上也割裂了知识的整体性与内在联系，容易造成学生学什么就只会做什么，稍微有点变化的内容又会成为一个新的"小知识点"，教师只好将这些课内来不及学的"小知识点"通过课外作业或作业讲评来弥补。这样的知识点教学其实不利于学生素养的提升，反而增加了课业负担。

这种教学是传统课堂教学的一个缩影，也是在大多数小学数学课堂上的常见现象。面对这样的课堂教学我必须思考，学生是否真实经历了知识学习的历程，达到学足、学透、学好的目的了？学生在学习的历程中形成了能力，提升了素养吗？面对这样的疑问，我们就会发现课堂教学存在的一些问题，如为什么"教过了，学生还不会""学过了，学生还出错"等。那是因为学生对知识的学习是听会的，而不是真正学会的。那么，我们研究的学历课堂应该如何引导学生完成这一知识学习的历程呢？

还是以《认识周长》为例，首先我们要找到"周长"这个概念的知识核心点。所谓周长，一般是指物体表面或封闭平面图形一周边线的长度。在小学三年级，周长概念的核心就可以理解为一种特殊的长度，作为长度，其基本表征就是线段。所以，用合适的线段表征物体表面或封闭平面图形的周长，应该是本节课的重要活动之一。其次是要理解教学目标。按照《义务教育数学课程标准（2022年版）》的要求，对《认识周长》的"内容要求"是"结合实例认识周长"，"学业要求"是"经历用直尺和圆规将三角形的三条边画到一条直线上的过程，直观感受三角形的周长，知道什么是图形的周长；会测量三角形、长方形和正方形的周长"。在学生能力和水平方面，三年级学生对"平面图形"这个概念已经比较熟悉了，对"边线"有比较丰富的生活经验，理解起来并不困难。因此，可以设计这样一个教学活动：教师为每名学生提供一张画有三角形 ABC 的学习单，提供一个情境学习支架，然后提出如下的学习要求，放手让学生自主进行尝试与探究。

小蚂蚁沿着这个三角形的一周边线，按照 A–B–C–A 的顺序爬行了一周，请你依次完成下面的学习任务。

（1）请你用红笔描出蚂蚁所走的路线；

（2）根据自己的观察，用直尺估计着画出一条线段表示蚂蚁所走路线的总长（只能用眼睛看，尺子不能碰到三角形）；

（3）想办法用直尺和圆规画出蚂蚁总旅程的一条线段（尺子还是不能碰到三角形，不过圆规可以碰）；

（4）用尺子量一量，看看你画的哪一条线段比较准，想想这是为什么。

这些活动紧紧围绕"用一条线段表征三角形周长"加以展开，让学生经历周长概念的本质和核心的探究，突出了"一周边线"和"长度"这两个关键要素。同时，用圆规和直尺画出特定长度线段的任务，既符合三年级学生的认知能力和认知水平，也有助于培养学生的量感、空间观念、推理意识、创新意识，进而使学生自主学习的意识和能力以及学科核心素养得到潜移默化的发展，使学科育人的功能得到较好发挥。

由此可见，立足知识的本质，找到知识的核心点，就能够抓住知识教学的关键；再让学生真实经历符合教学目标、符合学生认知水平与能力的探究活动，这样就能够实现从知识点的"全覆盖"与"都学会"向知识的"深理解"转变，而这才更符合"学足学好"的要义。

"学足学好"显然要求教师要具有素养导向的课堂目标设计，要舍得在学生如何学、如何经历学习的历程上下功夫。只有教师放手让学生经历学习的历程，学生才会真正建构知识，形成自己的能力。

四、学历课堂促进学生的深度学习

深度学习最早缘于计算机领域中的"机器学习"研究以及教育领域中的学习研究。在"机器学习"中，深度学习被定义为一系列试图使用多重非线性变换对数据进行多层抽象的算法。从教育领域中的学习研究来看，深度学习是相对于浅层学习的一种知识加工方式，它突出学习者对学习内容的深度理解和个体建构，在教师指导下，学习者在富有挑战性的学习过程中，主动参与、具身探究，并获得成功体验，形成高阶思维、创新能力等综合素养。此外，深度学习不单单是基于工具理性的"信息加工"，它还意味着在一定的学习情境中，学习者与周遭环境及他人产生交互式联系，获得一定的知识经验，且能应用知识经验解决问题。因此，促进每一个学习者的深度学习，需要设置高阶多维教学目标，呈现结构化知识学习，重组教材内容资源，让意义贯穿教学过程，整体建构深度学习的基本范型。学历课堂倡导在任务驱动下，在教师搭建的学习支架下进行自主探究学习，这为学生深度思维、深度学习提供了可能性。

传统的小学数学课堂的教学目标定位于知识的"理解与领会"，甚至异化为机械的记忆与懂得，学习是在简单地"告诉"与"记得"中完成的。新课程标准中为培养学科素养而提出的深度学习，要求教师将学生高阶思维的形成贯穿于整个教学过程，让学生在经历学习的过程中发展思维，学会用数学的思维观察现实世界。学历课堂倡导教师要设计素养为刚的教学目标，要在学生知道、领会的基础上将应用、分析、综合与评价作为教学目标，让学生通过经历真实学习的过程，提高认知水平和创新能力，增强批判质疑意识。高阶教学目标的设计，确立了深度学习的出发点与归宿，学生不再是被动接受知识的容器，而是一个在教师引领下，从已有经验出发，主动学习、多维发展的知识建构者。

学历课堂让知识纵向生长、横向关联、多元联结，让学生经历知识结构化的真实过程。深度学习与浅表性学习不同，系统性是其鲜明的特征。它既呈现知识的纵向生长，也表征着知识的横向关联和多元联结。它是学习者基于已有认识对学习材料的深度理解与领会，在与既有经验、问题解决及实际运用的深度契合中实现知识掌握和认知发展的过程。从知识的角度来看，深度学习其实是学习者对作为学习材料的知识的深度加工。首先，教师要从学科的本质属性出发，呈现学习材料的纵向发展，通过知识的承继与演进，揭示已有经验与新学知识之间的内在联系。其次，教师要从单一学科知识教学的窠臼中解放出来，实现与其他学科知识之间的有效联结，形成跨学科知识的重组与再构。再次，教师要对学习材料进行多元联结，促进学生从碎片化学习、浅表化学习走向系统性学习和深层次学习。由此，学习不再是点状知识彼此孤立地堆砌，而是结构化关联的掌握与应用；也不再是知识单向度的延展，而是学习者个体对知识多向多维的结合与建构。

学历课堂以变式与问题解决为线索，把教材重组、改造、优化成深度学习的适切内容。深度学习强调对知识本质的理解和对所学内容的批判性利用，追求有效的学习迁移和真实问题的解决。教师要从学生的已有经验出发，透析学习材料的学科本质，挖掘教学材料的深层资源，呈现有一定挑战性的学习材料，为学生深度学习提供可能，更重要的是让学生经历知识探索的过程。教学不应局限于固化的课本知识领域，当学生对学习材料初步理解与领会后，要进一步深化学生的认知，培养学生的创新精神和实践能力。此时，问题驱动与变式教学显得尤为重要。变式教学是指教师有目的、有计划地对学习材料进行合理的转化，以问题驱动串起整个教学过程。学习者能在变式的问题解决中，深化对教学内容本质属性的认识。

无论是教学目标设计，还是以变式或问题解决为线索，学历课堂最为核心的就是让学生经历一个探索学习的过程，重点突出一个"历"字，有了探索经历才会构建知识，会构建知识才能提高解决问题的能力，从而发展学科素养。为此，学历课堂是探索深度学习的一条有效路径。

五、构建学历课堂"核心问题驱动"教学模式

让学生经历学习过程首先从提出数学问题开始，一般步骤是提出问题—探究问题—解决问题—形成概念—迁移实践，而这一学习历程中的问题是学习的助推器。"核心问题驱动"作为培养小学生数学核心素养的教学理念，对于学生数学素养的培养和提升有着重要的作用。（如图3）

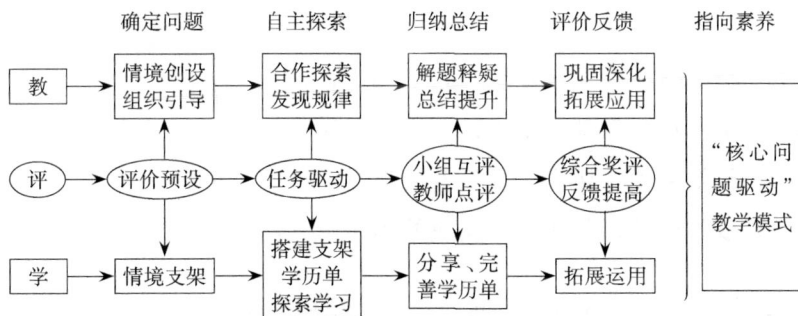

图3　学历课堂的教学模式

构建学历课堂"核心问题驱动"教学模式实现了以下三个方面的转变。

（一）从"知识为本"转向"核心素养为本"

该教学模式凸显以讲授为中心的课堂转变为以学为中心的课堂，中

间的桥梁就是"问题学习",所有的教学必须以学生学习为主线去设计,必须让学生真实的学习过程发生并且展示,让学生在学习中,从对问题的追寻中,慢慢形成一个知识结构。

该模式以核心问题为驱动,推进教学目标与核心素养相融合,通过自主学习、评价反馈、归纳总结及拓展达到提升数学核心素养的目的。该教学模式,从纵向看通常是由一个个相互关联的教学环节构成,每个环节承载着一定的功能,指向学生的数学核心素养;从横向看每一个教学环节通常由"情境""核心问题""核心知识""活动""数学核心素养目标"等教学要素构成,其横向是"设置情境—提出问题—安排活动—落实知识—促进发展"的解决问题过程,纵向是"情境成线—问题成串—活动成系列—知识成体系—目标不断实现"的认知发展过程。这样的教学模式既有助于提升教师的课堂教学的有效性,又有助于落实核心素养。

(二)从"被动接受"走向"经历真正意义上的学习"

该教学模式落实了课堂教学过程的变革。

(1)学习活动,让学生经历数学化过程;

(2)学习目标,基于学生已有的认知经验;

(3)教学互动,切实保障有效的学习;

(4)教学设计,关注单元模块的整体构成。

(三)从"三维目标"走向"必备品格和关键能力"

该教学模式实现了课堂教学评价的变革。

课堂评价的内容聚焦学生的学业品质:

(1)以"改进"和"表现"为主要功能,实施"教—学—评"相融合的评价标准。

(2)设置真实的学习任务情境,培养和考查学生的核心素养。

第三章　学历课堂学习支架建构及教学案例

"支架"原指建筑行业中使用的脚手架，用于帮助工人完成"伸手不能及"的工作，其作用在于"帮助""协助"而不是"代替"工人工作。我所提出的"搭建学习支架"其内涵指向的是：教师是学生学习的助力者、引导者，搭建学习支架是基于学生学习的需要，让学生在学习支架的帮助下，自主地建构知识，在知识学习中形成核心素养。"构建学历课堂"其内涵指向的是：让学生在课堂上经历真实的学习历程，主动积极地学习，从而引发深度学习，达成数学素养的形成。"搭建学习支架，构建学历课堂"这一教学主张，旨在转变以教为主的课堂为以学为主的课堂，然后重建教学关系。（如图4）

图4　学历课堂学习支架建构

一、生活情境支架及教学案例

生活情境支架是指教师将抽象的数学问题置于真实的生活情境中，为学生提供现实支架。搭建生活情境支架可以使学生感受数学与生活的联系，激发学习的兴趣和动机，为学生的学习奠定情感基础，促进学生主动参与学习。

2004年，山东省小学数学优质课评选在潍坊市举行，笔者执教了《统计》一课，课上运用了生活情境支架，现场取得了非常好的教学效果。课前首先播放了国际风筝节的录像，然后出示问题，请同学们统计出全班最喜欢的风筝。这一生活情境支架的搭建，激发了学生学习统计知识的兴趣，学生体会到了学习新知的必要性，为学生的学习奠定了情感基础，同时为学习新知提供了研究素材。接着让每个学生选择自己喜欢的风筝，到黑板上摆一摆，最后小组合作，选择合适的呈现形式，形成初步的象形统计图。整个学习过程中，学生借助生活情境支架，以饱满的热情，真实经历了数据的收集、整理、描述和分析过程，统计的意识得到提高，小组合作的能力得到了发展，数据分析观念得到了提升。

教学案例一：《统计》

【教学内容】

北师大版《义务教育课程标准实验教科书·数学》一年级上册第94页。

【教材分析】

象形统计图和统计表是整理和描述数据的必要手段，也是比较和分析数据的信息资源，但无论是统计图还是统计表都不是统计的目的，目的是作出相应的预测或判断，解决面临的问题。所以统计活动的中心不应该放在如何制作统计图表上，而是初步让学生经历数据调查、收集、整理的过程，侧重于学生对统计过程的体验，并使学生能根据图表中的数据回答一些简单的问题，从而培养学生的统计意识。

【教学目标】

（1）根据简单的、现实的问题进行统计活动，经历数据收集、整理、描述和分析的全过程，感受统计的必要性。

（2）结合实例，认识象形统计图和简单的统计表，会填补相应的图表。

（3）能根据统计图表中的数据，提出并回答一些简单的问题，并和同伴交流自己的想法。

【教学重难点】

培养学生的初步统计意识，让学生真正体验数据的收集及整理过程。

【教学准备】

课件、白色磁力板（每组一块）、粘有磁铁的风筝卡片若干。

【教学过程】

一、创设情境，提出问题

师：潍坊是山东有名的城市，谁来当个小导游向老师介绍介绍潍坊？

（学生介绍潍坊）

师：刚才有小朋友说到风筝节，今天我也带来了一段特别好看的风筝节录像。

（师播放课件：风筝节录像片段）

师：你们看到了什么？

生1：我看到了金鱼风筝、老鹰风筝，金鱼的眼睛还会一眨一眨的。

生2：……

师：看来大家都很喜欢风筝，我也想送给你们每人一个风筝做礼物，可是我不知道给大家买什么样子的风筝你们才喜欢，这可怎么办？

生1：你看哪一个最漂亮，你就给我们买哪一个。

生2：先让每个人说说自己喜欢什么风筝，喜欢什么样子的最多就买什么样子的风筝。

生3：直接带大家到商店去买。

……

（学生争论、比较每一种办法的优缺点，最后大多数同学同意用第二种办法）

师：好，咱们就用第二种方法先调查一下。

【设计意图】在学习本节课以前，学生已经学习了比较、分类，有了一定的知识基础。在这一环节，教师又创设了一个学生熟悉、喜欢并让潍坊的学生引以为豪的风筝节为生活情境支架，激发了学生的学习兴趣，为学生进一步学习奠定了情感基础，这样就为学生正式学习统计做好了充分的铺垫。将原教材中的"最喜欢的水果"改为潍坊学生更为喜欢的"风筝节"，结合学生实际，创造性地使用教材，也是课标理念所提倡的，说明教师有较强的课标意识。

二、调查、收集数据，解决问题

1.大胆尝试，勇于发现问题

师：在我们的大盒子里有许多漂亮的风筝卡片，请你们每人选一张你最喜欢的风筝卡片，然后快速地交给小组长，最后请组长把它们贴到前面的大黑板上！看哪个组最快！

（学生贴卡片，老师奖励完成最快的小组一个笑脸）

师：现在每个人喜欢的风筝卡片都贴在这儿了，你能一眼看出我们班喜欢什么风筝的小朋友最多吗？

（由于风筝在黑板上杂乱无章地排列，学生的观点很不一致）

师：到底喜欢哪种风筝的小朋友最多呢？看来呀我们得想个办法。

【设计意图】意见不一致，激发学生的内在认知冲突，初步体会统计的必要性。

2.合作学习，探索统计方法

老师在第二个小盒子里准备了另外一些小卡片，请小朋友们以小组为单位，借助这些小卡片，自己想办法在小磁力板（每组一块）上摆一摆，使大家一眼就能看出什么卡片最多。

（1）小组活动。

（2）学生汇报、展示：将整理好的磁力板挂在黑板上。

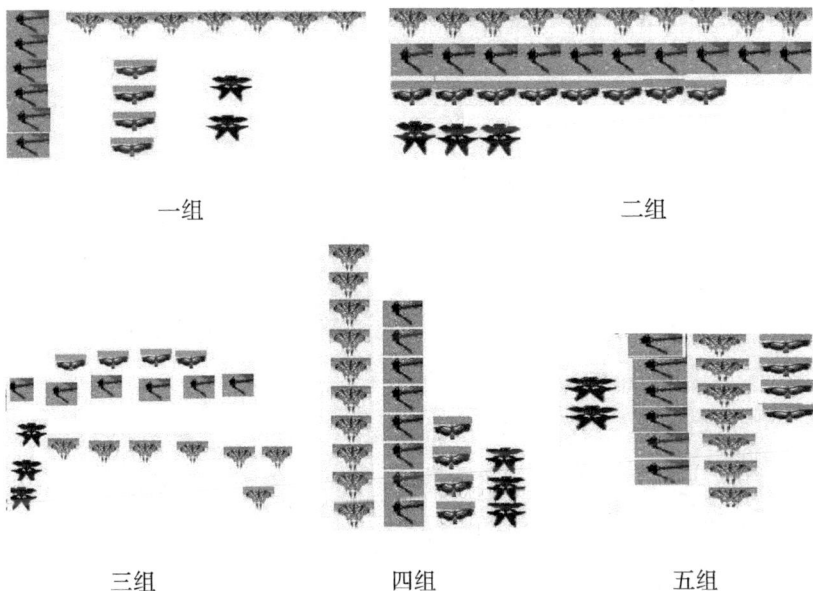

一组　　　　　　　　　　　　　　　　　二组

三组　　　　　　　四组　　　　　　　五组

（3）比较方法。

师：请小朋友们评一评，哪个小组的方法能让大家一眼就看出什么卡片最多？

【设计意图】充分比较，每个小组阐述自己的看法，在学生争论的过程中，注意引导学生不但要善于表达自己的观点，还要学会倾听别的同学的观点。

师：根据大家的争论，比较一致的观点是二组和四组较好，因为他们在摆的时候开始部分是对齐的，你看多像一条直直的起跑线，上下的卡片对齐了，左右的卡片也对齐了，这样我们一眼就看出什么卡片的最多，只不过他们一个是从下往上摆的，一个是从左往右摆的。我们一般统一成从下开始往上摆。

（教师奖励四组、二组各一个笑脸）

【设计意图】重视学生的操作活动，提供操作性强的学具，让学生经历了收集、整理卡片的过程，体验到了当卡片开始的部分左右上下对齐才能直观地看出哪种卡片最多，初步获取了统计的方法，同时教师注意了对学生数学交流能力的培养。

3.利用方法，解决实际问题

师：下面就用大家选出来的方法让一个小组来整理黑板上的这些卡片，其他小组拿回你们的磁力板也按这种方法重新整理一下，看哪个小组快。

（各小组整理，教师巡视，对表现好的小组进行表扬）

师：你们组做得最快，你能介绍一下怎么做的吗？

生：我们有的挑卡片，有的摆卡片。

师：老师知道了，他们小组是分工合作，所以才完成得那么快，以后别的小组也要注意分工合作。

【设计意图】"授之以渔"，当学生遇到复杂的问题时，引导学生从简单的问题入手，寻找解决问题的方法，然后利用获取的方法解决复杂的问题，体现了教师有较强的策略意识。教师不仅关注了小组完成任务的结果，同时关注了学生完成任务的过程，重视了学生的合作意识培养。

4.认识统计图和统计表

（一个小组学生整理黑板上的风筝卡片，形成比较科学的象形统计图）

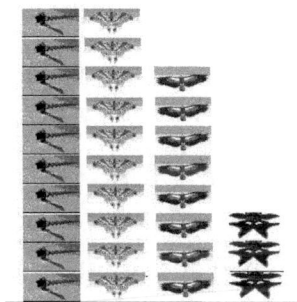

师：经过大家的共同努力，我们终于把我们班小朋友最喜欢的风筝卡片整理好了。看这幅图，你能知道什么？

生1：我知道喜欢金鱼风筝的人最少。

生2：我知道喜欢龙风筝和蝴蝶风筝的小朋友同样多。

生3：我还知道喜欢金鱼风筝的有3人，喜欢……

……

结合学生的发言，教师完成统计表。

板书：

| 10个 | 10个 | 8个 | 3个 |

师：小朋友们，你们知道吗，其实刚才我们做了一项非常重要的工作就是统计，这幅图就叫统计图，这个表就叫统计表。（板书"统计图""统计表"）

师：你能根据统计图或统计表提几个数学问题吗？

生1：龙风筝比老鹰风筝多几个？

师：谁来解答？

生：多2个，10-8＝2（个）。

师：还有别的方法吗？

生：还可以看统计图，龙风筝比老鹰风筝多出2个。

（学生还提出"××风筝比××风筝少几个""××风筝和××风筝一共有几个"等问题）

5.分析问题，寻找策略

师：现在根据咱们的统计结果，你们认为王老师应该怎样买风筝呢？

生1：喜欢龙风筝和蝴蝶风筝的人最多，所以我建议王老师给大家多买这两种风筝，其余的风筝少买些。

生2：龙风筝买10个，蝴蝶风筝买10个，老鹰风筝买8个，金鱼风筝买3个。

……

师：你们说得很有道理，老师会充分考虑你们的建议。

【设计意图】从杂乱无章的风筝图片到直观的象形统计图，从统计图中又数出了各种风筝的个数，出现了统计表，根据统计图表又提出并解决了一些问题，一环扣一环，使学生在不断解决问题的过程中认识了统计，更深一步感受到了统计的必要性。教师对统计结果进行分析，鼓励学生发现和提出问题，并作出决策，一方面培养了学生的问题意识，同时也让学生体验了统计的价值。

三、生活中运用统计

师：刚才我们用统计的方法解决了买风筝的问题（板书课题：买风筝）。小朋友们想一想，生活中还有什么地方能用到统计？

生1：可以统计大家喜欢吃什么水果。

生2：可以统计大家喜欢看什么书。

......

师：看来，只要我们在生活中用心观察，就会发现生活中还有许多地方用到统计。

作业：课本第96—97页练习题。

四、评价与反思

1.根据统计图，小组共同完成统计表

（统计材料是教师在教学过程中对各小组即时评价奖励的笑脸）

一组 😊	二组 😊	三组 😊	四组 😊	五组 😊
（　　）个	（　　）个	（　　）个	（　　）个	（　　）个

2.看小组的评价统计图表

（让学生说一说自己的体会）

生1：这节课二组第一，我们要向他们学习。

生2：一组虽然得了一个笑脸，但他们善于提出问题，我们应在这个方面向他们学习。

生3：我觉得我们没得第一的原因是合作不够好。

......

师：这节课我们班的每一位同学都有进步，有的同学在提出问题方面得到了发展，有的同学在解决问题方面有了进步。只要我们在以后的学习中，能经常取长补短，就一定会有更大的进步。下课！

【设计意图】在教学过程中，教师注意了即时评价，对学生在每一方面的表现都及时进行点评和奖励🤖，并很好地运用了这一生成的教学资源，一方面对所学的统计图表进行了练习，另一方面培养了学生自我评价和反思的习惯。

【教学反思】

本节课有如下几个特点：

（1）结合生活实际动手操作，激发学习兴趣。本节课结合学生实际，通过搭建当地富有特色的"潍坊风筝"这一生活情境支架引入新课，再通过"摆一摆"的形式引导学生自觉参与学习过程，营造出人人主动探索的学习氛围，最后通过对数据的收集和整理，体会统计的必要性，使学生在愉快的情境中掌握了新知。

（2）引导学生合作交流，体现学生主体地位。教学中采用"问题情境—建立模型—解决与应用"模式，结合学生的生活经历创设问题情境，在感知中组织学生分小组讨论，逐步让学生建立了数学模型。根据模型来解决数学活动中的一些问题，在这一过程中，教师仅起到了点拨、引导的作用，学生成为了学习的主体，培养了合作交流意识。

（3）注重学生语言训练，培养创新意识。这节课自始至终让每一位学生参与学习活动，注重对学生的语言训练，每一个问题或解题方法都是在分组讨论以后，学生用自己的语言表述的。同时，本节课注重培养学生的创新意识，体现了教学的灵活性。

（4）教学目标明确，思路清晰。课堂上的每一个教学环节教师都作了精心设计，课堂上的每一个活动、每一项操作均为教学服务，真正激发了学生主动参与探究的欲望，有效地培养了学生解决问题的能力。

教学案例二:《游戏公平》

【教学内容】

北师大版《义务教育课程标准实验教科书·数学》四年级下册第79—80页。

【教材分析】

本节课的教学是学生在第一学段已尝试定性描述及会判断事情发生的可能性的基础上,通过"掷骰子""转转盘"等游戏活动,讨论游戏规则是否公平,并亲身实验,验证游戏规则的公平性和可能性,最后自己尝试设计对双方都公平的游戏。通过这一系列的活动,学生获得直观感受,从而体验事件发生的可能性和游戏规则的公平性。

【教学目标】

(1)通过游戏活动,体验事件发生的可能性,并会分析、判断规则的公平性,进一步体会不确定现象的特点。

(2)能设计公平的游戏规则。

【教学重难点】

体验事件发生的可能性和游戏规则的公平性;设计对双方都公平的游戏规则。

【教学准备】

多媒体课件、骰子、表格、棋子。

【教学过程】

一、游戏导入,提出问题——引出制定游戏规则的必要性

师:同学们喜欢做游戏吗?

生：喜欢。

师：今天老师也想跟大家做一个小游戏，游戏的名字叫"巧拿棋子"。请看游戏规则。（课件出示）

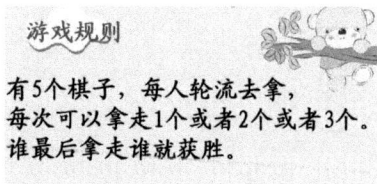

生：看明白了吗？谁愿意来玩？

（师请一学生上台。）

师：我们俩谁先拿？

生：老师先拿吧。

师：真是个有礼貌的好孩子。

（师先拿1个，然后让学生拿。这时学生无论拿1个、2个还是3个，都会输。）

（师再请一学生上台，同时提醒学生想想：怎样拿能赢？）

师：我先拿可以吗？

生（坚定地说）：不可以！

师：为什么呀？

生：只要老师先拿准赢！

师：大家说是这样吗？

生（齐声）：是。

师：看来呀，"谁先拿"很重要。现在我也想先拿，他也想先拿，你能想个办法决定我们谁先拿吗？

（请学生回到座位。）

生1：可以掷骰子。

生2：抛硬币。

生3：剪子、包袱、锤。

……

师：同学们想了这么多好办法，你们有没有想过这些方法对于老师和同学公平吗？咱们这节课就来研究游戏规则的公平问题。（板书课题：游戏公平）

【设计意图】《义务教育数学课程标准（2022年版）》指出，数学教学要紧密联系学生的生活实际，从学生的生活经验和已有的知识出发，创设生动有趣的情境，从而激发学生对数学的兴趣。好的开始是成功的一半，在本课伊始由学生喜欢的游戏引入，现场与老师比赛，不仅可以激发学生的参与兴趣，还能引发学生思考：怎么拿一定赢？继而引出制定游戏规则的必要性。

二、操作验证，解决问题——体验事情发生的可能性

1. 掷骰子

（1）出示游戏规则，学生判断是否公平。

师：刚才有同学提出了用掷骰子的方法决定谁先拿，老师根据这个方法制定了一个游戏规则，大家来看看。（课件出示）

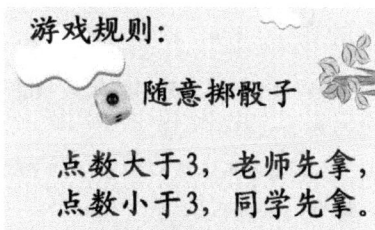

游戏规则：

随意掷骰子

点数大于3，老师先拿，
点数小于3，同学先拿。

师：你认为这个游戏规则公平吗？

（板书：在"公平"两字上打问号）

生（异口同声地说）：不公平，太不公平了。

师：啊？为什么？

生1：点数大于3的有4、5、6；点数小于3的有1、2。

生2：出现点数大于3的可能性比较大；出现点数小于3的可能性比较小。可能性不同，输赢的机会也不同。

师：哦，我明白了，你们的意思是说随意掷骰子，点数大于3的情况有4、5、6三种可能，点数小于3的只有1、2两种可能。事

情发生的可能性不一样，游戏就不公平，是吗？

生（点头）：是！

师：那如果按这个游戏规则，谁先拿的可能性大？

生：老师。

（2）猜测结论。

师：如果我们掷骰子20次，点数大于3的次数多还是点数小于3的次数多？

生：点数大于3的次数多。

师：同学们，刚才只是我们的猜测和推理，到底实际情况会怎样呢？你们想不想亲自动手试一试，用数据来验证一下，说明老师制定的游戏规则不公平？

生：想。

（3）操作验证。

师：在做实验之前，我们先来看清实验要求。（课件出示）

实验要求

　　1. 轮流掷骰子，每人掷5次，掷出的骰子以面朝上的数字为准。

　　2. 以小组为单位进行实验，组长负责记录、统计，其他人监督。

　　3. 如果掷到点数等于3，就重掷一次。

　　4. 实验完毕，组长要收好材料。

实验记录单

点数大于3（老师）	点数小于3（学生）	结论（谁的次数多）
画"正"字 记录（　　）	画"正"字 记录（　　）	
合计（　　）次	合计（　　）次	

师：我们看哪个小组既遵守规则，又最快完成！先完成的小组可以直接把结果输入电脑。准备，开始！

（4）汇报分析，得出结论。

师：现在各组的实验结果已经汇总到我这里了，请大家观察实验数据，你发现了什么？

生：点数大于3的次数多于点数小于3的次数。

师：看来大家的猜测是正确的，从实验结果可以看出，点数大于3的次数多于点数小于3的次数，那么老师先拿的机会就大。这说明这个游戏规则公平吗？

生：不公平。

（5）修改游戏规则。

师：真厉害，同学们不仅通过实验得出了结果，还分析了原因。这个游戏规则确实不公平。既然游戏规则不公平，你喜欢玩不公平的游戏吗？

生：不喜欢。

师：那你们能把它修改公平吗？

生：能。

师：先独立思考，再在小组内互相说一说你修改的游戏规则。

（小组讨论完毕，全班交流。）

组1：我们修改的游戏规则是："点数大于3，老师先拿；点数小于等于3，学生先拿。"

师：可以吗？

生：可以。

师：为什么？

生：点数大于3有4、5、6三种可能，点数小于等于3有1、2、3三种可能，可能性都一样，游戏就公平了。

组2：我们修改的游戏规则是："点数大于4，老师先拿；点数小于3，学生先拿。"

师：公平吗？

生：点数大于4有5、6两种可能，点数小于3有1、2两种可能，可能性都一样，游戏就公平了。

（6）总结公平的标准。

师：大家制定出了公平的游戏规则，不管怎么修改只要符合什么条件，游戏规则就是公平的？

生：事情出现的可能性相等，游戏规则就公平。

（板书：在"公平"的下面写上"可能性相等"）

【设计意图】本环节教师为学生搭建生活情境支架"谁先拿"，让其经历"猜想—验证—分析—设计公平的游戏规则"等一系列活动，使学生的认识由感性上升为理性。这样设计突出了学生的认知特点，使学生对游戏的公平性有了直观的认识，同时在活动中亲身经历了数据的收集、整理、分析、应用的过程。教学过程由浅入深，加深了学生对游戏规则公平性的理解，真切地体验、感受到事情发生的可能性，并且培养了学生科学严谨的学习态度及合作交流的意识和能力，进而体现了统计的数学本质属性，提高了教学有效性。

2. 抛硬币

课件出示游戏规则：

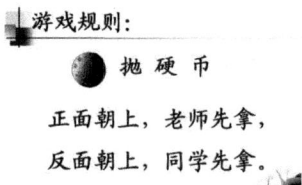

师：我们再来看看，抛硬币的方法公平吗？

生：这个游戏规则公平。

师：为什么？

生：因为硬币有两面，硬币落下时，正面朝上和反面朝上的可能性相同，所以游戏规则公平。

师：同学们真厉害，不仅可以把不公平的游戏规则修改公平，还能正确地判断游戏规则是否公平。

3.举例子

师：除了以上两种方法，还有哪些公平的方法？

生1：剪子、包袱、锤。

生2：手心、手背。

……

三、应用所学，设计"公平"——判断、制定公平的游戏规则

师：除了同学们说的这些方法之外，还有很多游戏，我们一起来看看它们的游戏规则是否公平。

1.转转盘

课件出示游戏规则：

师：这四种游戏规则哪个公平，为什么？

生：B、C、D这三种游戏规则公平，因为红色和黄色的面积一样大，小青和小花赢的可能性相同。

2.摸扑克牌

课件出示游戏规则：

把上面的8张牌打乱，牌面朝下放在桌上，每次任意拿出一张再放回去，拿到比"5"大的算老师赢，拿到比"5"小的算同学赢。拿到"5"不分输赢，再重拿。（"A"看作1）

师：这个游戏规则公平吗？为什么？

生：这个游戏规则不公平。拿到比5大的牌有6、7、8三种可能，拿到比5小的牌有1、2、3、4四种可能，事情发生的可能性不同，所以游戏规则不公平。

【设计意图】结合生活实际，用游戏公平规则辨析生活中学生亲身经历和看到的一些现象，加强了数学与现实生活的密切联系，使学生感受到数学就在我们身边，生活中处处有数学。

四、全课总结

师：今天我们玩了几个游戏，同学们想说些什么？你们有什么收获？

生1：我知道了只有可能性相等的游戏规则才公平。

生2：学了这节课的知识，我就能判断生活中哪些游戏规则是公平的，哪些是不公平的了，再也不会上当受骗了。

……

课件出示"你知道吗？"学生阅读。

你知道吗？
1. 奥运会乒乓球比赛中，第一局的发球权由抽签决定。每局比赛结束后，双方都要交换场地。
2. 在篮球赛中，开赛第一个球的控制权由裁判挑球，双方球员争抢获得。
3. 在足球比赛开始前，双方用抛硬币的方式选定开球或场地，先挑的一方应有开球或场地的选择权。

【设计意图】总结应促进知识的内化。课的最后，教师引导学生对整节的学习做一个梳理、小结和反思，可让学生于收获中总结、于总结中体悟。

【教学反思】

本节课的设计有以下几个特点：

（1）关注学生已有的知识与生活经验，创造性地使用教材。本课改变教材实验的侧重点，把掷骰子作为教学重点来研究。这样做的原因是：教材的编排是先让学生掷骰子，得出点数大于3和点数小于3的办法不公平，然后再抛硬币，得出硬币正面朝上和反面朝上的可能性相同，最后为转盘设计公平的游戏规则。从这三项活动的难易度来看，显然掷骰子更有挑战性，后两项活动都比掷骰子容易，而且学生在三年级学习可能性时已经接触过抛硬币和转转盘，对此已有一定的经验，因此，本课就把重点放在探讨点数大于3和点数小于3这个问题上，在得出游戏规则公平的标准后，再利用这一知识来分析抛硬币方法是否公平，同时把转转盘加以改进作为练习来处理，而制定公平游戏规则这一知识点则在后面的练习中加以挖掘和提升，让学生的创新意识和能力得以培养。

（2）关注问题情境的创设，激发学生学习兴趣。有疑问才能思考和探究。课堂上教师只有精心设计贴近学生生活、有意义和富有挑战性的问题情境，让学生在心里产生一种悬念，才会促使他们产生探索的欲望，诱发强烈的求知欲，从而积极主动地参与到数学学习的活动中来。本节课，教师创设教师与学生比赛"拿棋子"的情境，引发学生的问题意识："谁先拿很重要！必须要想一个对双方都公平的游戏方法！"先让学生根据自己的生活经验说一说，然后提出挑战性的问题："点数大于3，老师先拿；点数小于3，学生先拿。你们觉得这个游戏规则公平吗？"这样，学生因为对游戏感兴趣，故而全身心投入探索活动中。

（3）注重在活动中体验和思考，让学生享受数学的快乐。本课的内容具有活动性、过程性、体验性的特点，教学中注重让学生亲自实验，引导学生收集实验数据、分析实验结果，在活动的过程中体验事件发生的可能性及游戏规则的公平性。组织活动由浅入深，通过"提出问题—提出猜想—实验验证—分析数据—得出结论—修改规则—自己设计新游戏规则"等一系列操作，让学生充分参与活动的全过程，逐步加深学生对事件发生可能性及游戏规则公平性的体验和感受。同时，也让学生在活动中体会：真知来源于实践，要用事实来说话。实验起到了验证的作用，是一种很好的学习方法。

（4）注重小组合作的时效性。本课给学生提供充分的合作交流的机会，创设基于师生交流、互动的教学关系，彼此形成一个真正的学习共同体，从而达成共识、共享、共进。根据教学内容和问题情境，适时地引导小组合作学习，帮助学生设计恰当的学习活动，保证每个学生有明确的分工，有充分的合作学习的时间，以提高合作效能。本课的一系列活动，都让学生在小组合作中完成，使学生在合作中学会学习，在学习中学会合作，不断提高探究学习的有效性。

（5）巧用电子表格，内容更直观，操作更迅速。把电子表格作为现场统计实验数据的工具，方便、快速、直观。

（6）注重练习题中的变式。练习的设计以判断游戏规则的公平性和修改、设计新的游戏规则为主，在"摸扑克牌"中提供很多信息的素材，把设计游戏规则拓展成为三人设计，非常具有挑战性。

二、数形结合支架及教学案例

数形结合支架是根据小学生具体形象思维为主的思维特点和数学抽象性的知识特点，为学生学习抽象的数学知识搭建的直观支架。搭建数形结合支架可以化抽象为直观，化复杂为简单，可以更深刻地理解和学习数学，从而提升学生的思维能力。

　　在2012年山东省小学数学计算课教学展示活动中，笔者执教了公开课《两位数除以一位数》。在这节课中，为了帮助孩子理解42除以2的算理，笔者搭建了一个数形结合支架（如图5），让孩子观察小棒图和竖式，然后把"分"与"算"联系起来，使学生明白竖式中被除数42分解的过程以及竖式各部分的含义。通过教师搭建的这一数形结合支架，学生借助小棒这一直观的手段，理解了两位数除以一位数的算理，并通过经历由动作思维到形象思维再到抽象思维的过程，体会了数形结合的思想方法，积累了利用直观支撑学习数学的活动经验。

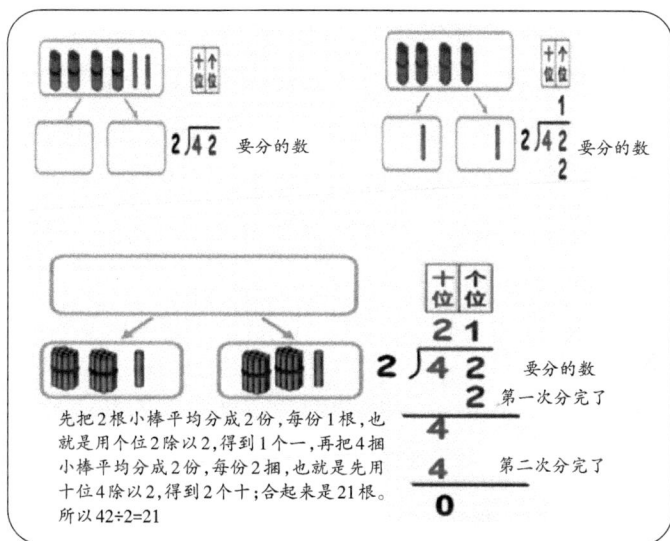

图5　数形结合支架示例

教学案例一：《笔算除法》

【教学内容】

　　人教版《义务教育课程标准实验教科书·数学》三年级下册第19—21页。

【教材分析】

关于竖式，学生在二年级已经学习过竖式表示表内除法以及有余数的除法，初步学习了竖式的写法以及各部分表示的含义；关于除法，学生在三年级已经学习了两位数除以一位数的口算除法，即十位和个位都能被除数整除的口算除法。

学生在二年级学习的除法竖式是一层的，源于可以用乘法口诀直接找到商。本课的"两位数除以一位数"是分层竖式中第一次出现，分层的原因是直接用乘法口诀找不到商，只有分层后才能用表内除法求商。因此本课也是竖式的价值第一次得以体现。

梳理教材发现，无论是除法的初步认识，还是竖式除法以及口算除法的学习，都是通过动手操作"分东西"进行探究的。可见，"动手分"是学生学习除法的主要途径。而本节课学习"52÷2"动手分时十位上会有剩余，这种情况学生第一次遇到，是教学中的一个难点。

【教学目标】

（1）结合动手操作、小棒图理解除数是一位数的笔算除法的算理，体会从被除数最高位除起的必要性。

（2）在理解算理的过程中逐步掌握算法，并能正确进行计算。

（3）经历理解算理和探索算法的过程，实现从"动作思维→形象思维→抽象思维"的转化，培养思维能力。

（4）体会数学与生活的联系，体验运用数学知识解决实际问题的工具性，提高学习数学的兴趣。

【教学重难点】

理解算理，抽象算法。

【教学准备】

多媒体课件、小棒、练习纸。

【教学过程】

课前师生交流：教师播放课件带领大家欣赏美丽的东营。

一、创设情境，提出问题

师：刚才同学们欣赏了东营美丽的景色，为了让我们的城市变得更美丽，我们开展了"添绿、护绿"活动。

（出示情境图）

师：这是晨阳学校三、四年级同学的植树情况，请你仔细观察图片，看能发现哪些数字信息。

生：三年级（1）、（2）班要栽42棵树，四年级（1）、（2）班要栽52棵树。

师：根据信息你能提一个用除法计算的问题吗？

生：三年级平均每个班要植多少棵树？

师：（课件出示问题后）会列算式吗？

三年级2个班一共植树42棵，平均每个班植树多少棵？

生：42÷2。

师：还能提什么数学问题？

生：四年级植树52棵，平均每个班植树多少棵？（出示课件）

师：会列算式吗？

生：52÷2。（师板书）

师：大家仔细观察这两个算式，它们还能像以前学的6÷2=3那样，只用一句乘法口诀就能算出得数吗？

生：不能。

师：这节课我们就来研究这类除法算式的算法。

【设计意图】搭建与生活实际密切联系的生活情境支架，让学生体会数学和生活的联系，激发学生学习数学的兴趣，培养学生用数学的眼光收集和处理信息、发现问题并提出问题的能力，同时为学习新知奠定基础。

二、动手操作，探究算理

1.初次操作，探究42÷2的算理及算法

师：先来解决第一个问题：42÷2。

师：请大家快速地拿出42根小棒，像老师这样摆在自己的学习纸上。比比看，谁最快！（学生摆好后出示操作要求）

要求：

1. 想一想，分一分。

先分什么？再分什么？一共分了几次？

2. 试着列竖式表示出刚才分小棒的过程。

师：谁来读一读分小棒的要求？对于要求，有不懂的地方吗？

师：请同学们分完小棒后用竖式表示出分小棒的过程，并且能让别人看懂你第一次分的什么，第二次分的什么。

（学生操作完成后展示交流）

生1：（边说边分）先分整捆的，再分单根的，一共分了2次。4捆小棒平均分成2份，每份2捆，2根小棒平均分成2份，每份1根。42根小棒平均分成2份，每份21根。

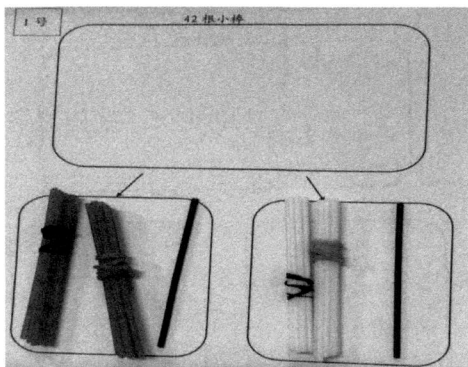

生2：（边说边分）我先分单根的，2根小棒平均分成2份，每份1根，第二次分整捆的，4捆小棒平均分成2份，每份2捆。一共分了2次，每份21根。

师：他们的分法一样吗？

生：不一样。虽然都分了2次，但一个是先分整捆，再分单根，一个是先分单根，再分整捆。

师：我们看看他们的竖式是否一样。

生1：
$$\begin{array}{r} 21 \\ 2\overline{)42} \\ \underline{42} \\ 0 \end{array}$$

师：你觉得他写得怎么样？

生：看不出分了两次，不知道先分的什么。

师：再来看这两位同学的竖式。

生2：
$$\begin{array}{r} 20 \\ 2\overline{)40} \\ \underline{40} \\ 0 \end{array} \qquad \begin{array}{r} 1 \\ 2\overline{)2} \\ \underline{2} \\ 0 \end{array}$$

生3：
$$\begin{array}{r} 1 \\ 2\overline{)2} \\ \underline{2} \\ 0 \end{array} \qquad \begin{array}{r} 20 \\ 2\overline{)40} \\ \underline{40} \\ 0 \end{array}$$

师：你们认为这两位同学写得怎么样？

生：写得非常好。第一个同学的竖式一看就是先分整捆的，再分单根的。第二个同学的竖式一看就是先分单根的，再分整捆的。

师：你们认为这三种竖式哪些可以清楚地表示出分小棒的过程？

生：第2种和第3种。

师：再思考一下，这两种竖式有没有缺点？

生：这两种竖式看不出最后的得数是多少。

师：同学们很善于观察和思考。用两个竖式虽然能清楚地表示分小棒的过程，但不容易看出最后分的结果。刚才同学们分了两次就写了两个竖式，那分三次呢？

生：分三次就写三个竖式。

师：这样麻烦吗？

生：麻烦。

师：同学们能不能想个办法只写一个竖式就能清楚地表示出分两次的过程呢？咱们一起来解决吧。

【设计意图】通过比较让学生明白单层竖式不能清楚地表示两次分小棒的过程。后两种单层竖式虽然都能清楚地表示分的过程，但是不够简洁，不能清楚地表示出最后的结果。这样设计教学，可以让学生第一次感受学习新的表示方式的必要性。

师：（边播放课件边板书竖式）先看第一种分法。把42根小棒平均分成两份，这样写，先用十位的4除以2，每份2捆，就在十位写2，分掉了4捆，就用2乘2得4写在被除数十位4的下面，整捆的分完了就用划横线的方法表示分完了；再分2根，用被除数个位的2除以2，每份1根就在个位上商1，用1乘2得2表示分掉了2根，2减2得0，表示全部分完了。

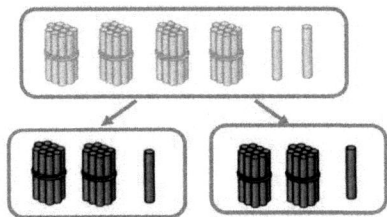

第一次先分4捆 把4捆（也就是4个十）平均分成2份，每份2捆（2个十）
第二次再分2根把2根（也就是2个一）平均分成2份，每份1根（1个一）
共分了2次，每份21根

师：你能自己在练习本上写出先分单根再分整捆的竖式吗？

生：能。

（学生写完后展示交流。）

师板书：

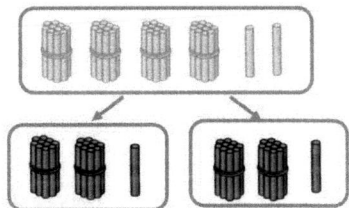

第一次先分2根
把2根（也就是2个一）平均分成2份，每份1根（1个一）
第二次再分4捆
把4捆（也就是4个十）平均分成2份，每份2捆（2个十）

【设计意图】为了帮助学生理解分层竖式的算理，这里搭建了一个数形结合支架——小棒图和竖式相结合，通过小棒图这一座桥梁和竖式的结合，把"分"与"算"联系起来，使学生初步理解了算理，掌握了被除数各个数位上的数都能被整除时的算法，同时渗透了数形结合的思想方法。学生的思维也实现了由动作思维到形象思维到抽象思维的过渡，培养了学生的抽象能力。

师：快速地根据黑板上的竖式修改自己的竖式。

师：观察今天学习的竖式跟以前的有什么不同？

生1：原来的商是一位数，现在的竖式商是两位数。

生2：原来的竖式只有一条横线，今天学习的竖式有两条横线。

师：也就是说今天学习的竖式分了两层。为什么分两层？有什么好处？

生：两层能清楚地表示分了两次。

师：竖式分两层可以清楚地表示先分了什么，后分了什么，而且分层后每一层都能用乘法口诀快速地算出商。这就是我们今天要研究的笔算除法。（板书课题：笔算除法）

师（指着两种竖式）：这两种竖式你喜欢哪一种?

生1：第一种。

生2：第二种。

师：喜欢第一种的完成1号练习纸上的题目，喜欢第二种的完成2号练习纸上的题目。

1号练习纸   2号练习纸

【设计意图】两种分层竖式只不过除的顺序不同，一个是从最高位除起，一个是从低位除起，哪种最好，学生可能有争议（在被除数的各个数位上的数都能被整除时，从高位除起的优越性不明显，故教师不急于告诉学生从高位算起，而是让学生在下一个环节中，遇到被除数的十位上的数不能被整除时，先有了失败体验后，再明确从高位算起），所以教师让学生喜欢哪一种就用哪一种计算。这就像两位数加减两位数，当不需要进位时，可以先让学生用不同的方法去计算。

师：反思今天学习的竖式为什么要分层？

生1：乘法口诀不能一次就算出商来。

生2：数太大了。

师：是呀，要分的数变大了，乘法口诀解决不了，分层后每层都可以用乘法口诀算商。

【设计意图】通过练习，学生有了充分的体会，再引导学生去反思，进一步体会学习新知的必要性，同时培养学生的反思意识。

2.二次操作，探究52÷2的算理和算法

师：下面就用我们刚才一起探索出来的新的竖式计算方法试着算一算52÷2，如果有困难可以借助小棒分一分。

（学生独立完成，教师巡视，然后交流。）

生1：

```
      21
   2 ) 52
       2
       5
       4
       1
```

师：有问题要问吗？

生：剩下的1怎么办？

师：再写一个竖式。

生（齐说）：太麻烦了。

师：那我们先来看第二个同学的。

生2：

```
      26
   2 ) 52
       4
       12
       12
        0
```

师：比较这两种方法，哪种好？为什么？

生：第二种好，第一种先从个位除的时候，十位上剩下的那个1就不知道怎么算了。

【设计意图】这个环节的教学给学生留下了较大的思维空间，在迁移学习、遇到困难、比较的过程中，引导学生就会发现从低位除起时，竖式中十位上的5除完后余下的1没位置写商，从而让学生体会到从高位除起的必要性。

师：当被除数的十位分完有余数的时候，我们还从个位除起，这个方法就比较麻烦了。通常情况下，如果被除数的个位和十位都能正好分完，我们既可以从十位算起又可以从个位算起；如果被除数的十位不能正好分完，我们就要从被除数的十位算起。

教师结合课件板书：

师：5捆小棒平均分成2份，每份分2捆，就在十位上商2，还剩下1捆，怎么办？

生：把1捆拆开和2根合起来变成12根。

师：把单根的2根和1捆合起来变成12根，平均分成两份，每份6根，在商的个位写6，分掉了12根就在12的下面写12，全部分完了，12减12等于0。

师：请同学们完成以下练习。

【设计意图】本环节放手让学生自己选择喜欢的方法（从最高位除起和从个位除起）探究被除数十位上有余数的笔算除法，再现分小棒的过程，突出十位上如果有余数，就要把这个余数和个位上的数合在一起，再继续分，进一步理解了除法算理，同时又让学生体会到除法从最高位除起的必要性。

三、反思、总结、提升，进一步掌握算法

师：（指着黑板上的两个竖式）这两个竖式从计算过程来看有什么相同的地方？

$$
\begin{array}{r}
2\ 1 \\
2\,\overline{)4\ 2} \\
4 \\
\hline
2 \\
2 \\
\hline
0
\end{array}
\qquad
\begin{array}{r}
2\ 6 \\
2\,\overline{)5\ 2} \\
4 \\
\hline
1\ 2 \\
1\ 2 \\
\hline
0
\end{array}
$$

生1：都是分了两层。

生2：被除数都是两位数，除数都是一位数，商是两位数。

师：今天学习了小棒分两次，竖式是两层，商是两位数，那如果分三次呢？商是几位数？

生（齐答）：分三次竖式就是三层，商是三位数。

师：还有什么相同的地方？

生：都是从十位除起。

师：有什么不同的地方？

生：42÷2，十位上的4正好分完了，52÷2，十位上的5没分完。

师：你是不是想说，42÷2商2后，十位上没有余数，而52÷2商2后，十位上还有余数？

生：是的。

师：那么，我们在用竖式计算的时候要注意，第一次作商后，十位上是不是还有余数，如果还有余数，怎么办？

生：就要把这个余数和个位上的数合在一起，再继续计算。

师：请同学们小组讨论并总结：一位数除两位数的笔算除法的计算方法。应先从哪位除起？每次除得的商写在什么位置上？

（生分组讨论，并汇报结果。）

师（根据学生回答总结）：一位数除两位数的笔算除法要先从被除数的十位除起，除被除数的十位，就把商写在十位上，然后用除数乘商的十位，积写在十位上；再用除数除被除数的个位，得到的商写在个位上，把个位的商乘除数，积写在个位上。十位上有余数的要和个位上的数合在一起继续除。

【设计意图】在学生充分体验的基础上，教师引导学生比较两个算式的相同点，变中求不变，掌握了笔算除法的计算方法。这样设计教学，让学生学会了"先做什么—再做什么—接着做什么—最后做什么"的有序思考方法，帮助学生归纳提升了算法，同时培养了反思意识和习惯。

【教学反思】

计算教学中，算理与算法是两个不可或缺的关键。算理是对算法的解释，是理解算法的前提，算法是对算理的总结与提炼，它们是相互联系、有机统一的整体。透彻理解算理和熟练掌握算法是提高学生计算能力的重要保证。计算教学既要让学生在直观中理解算理，又要让学生理解抽象的算法，还要让学生体验直观到抽象的过渡和演变过程，从而达到对算理的深层理解和对算法的切实掌握。以前教学时多是让学生说计算过程，对于难点"为何从十位除起，除法竖式中每一步的意义"都是轻描淡写，甚至避而不答，而这恰恰是学生心中的疑惑。这节课力求正确把握算理与算法的关系，既重算理，又重算法。

学生在二年级已经初步学习过除法竖式，但二年级学习的除法竖式是一层的，源于可以用乘法口诀直接找到商。本课的"两位数除以一位数"是第一次出现分层竖式，分层的原因是直接用乘法口诀找不到商，只有分层后才能用表内除法求商。因此，本课也是竖式的价值第一次得以体现。为了帮助学生理解分层竖式的算理，老师搭建了一个数形结合的支架：让孩子观察小棒图和竖式，把"分"与"算"联系起来，使学生明白竖式中被除数42分解的过程以及竖式各部分的含义。通过教师搭建的这一数形结合支架，再借助小棒这一直观的手段，学生理解了两位数除以一位数的算理，并通过经历由动作思维到形象思维再到抽象思维的过程，体会了数形结合的思想方法，积累了利用直观手段学习数学的活动经验。

"笔算除法时要从高位算起"是这节课的重点内容。以往学生在学习加法、减法和乘法时，都是从低位算起，到了学习除法的时候，学生受活动经验的影响，很自然地想到除法也应该从低位算起，可是老师却告诉学生"笔算除法时要从高位算起"。为什么会如此？为了解决好这一重点，教师给学生留下了较大的思维空间，放手让学生自己选择喜欢的方法（从最高位除起和从个位除起）探究被除数十位上有余数的笔算除法，通过对比展示两种竖式的算法，让学生体会到如果被除数的十位有余数，再从个位算起就比较麻烦，深刻体会了除法从最高位除起的必要性。对于"被除数十位不能整除有余数"这一难点，教师不惜花费时间，再次结合分小棒的过程，让学生理解如果有余数，就要把这个余数和个位上的数合在一起，再继续分。这样通过动手操作、直观演示来理解算理，为抽象、概括计算方法打下坚实的基础。学生动手、动脑、动口、动眼、动耳，调动各种感官参与活动，充分经历探究算法的全过程，积累丰富的经验，使计算教学在算理、算法、技能三个方面得到和谐的发展。

教学案例二：《平均数》

【教学内容】

青岛版《义务教育教科书（五·四学制）·数学》四年级上册第94—96页。

【教材分析】

本节课所要学习的"平均数"是统计与概率领域一个非常重要的统计模型。平均数是在第一学段学生已经理解了平均分及除法运算含义的基础上教学的。但平均数的概念与平均分的意义是不完全一样的。平均分是实际分得的数量，平均数是一个虚拟的数。平均数刻画的是一组数据的集中趋势，我们既可以用它来反映一组数据的一般情况，也可以用它进行不同组数据之间的比较，从而看出数据组之间的差别。用平均数表示一组数据的情况，具有直观、简明的特点，所以在日常生活中经常用到，比如平均速度、平均身高、平均成绩等。因此，在教学平均数时，学生需要充分地体验平均数的意义，明确平均数的求法，体会平均数的价值。

【教学目标】

（1）结合具体的情境理解平均数的意义，感受学习平均数的必要性。

（2）探索求平均数的方法，初步学会根据具体的情况运用平均数分析与解决实际问题，根据统计结果作出简单的判断和预测。

（3）在具体的情境中培养学生整理数据、分析数据的意识和能力，体会统计的作用及其价值，发展用数学的眼光观察现实世界的习惯。

【教学重难点】

理解平均数的意义，求平均数的方法。

【教学准备】

多媒体课件、学历单。

【教学过程】

一、创设情境，体会学习平均数的必要性

1.次数相同比较总数

师：同学们喜欢投飞镖吗？前几天，我们年级举行了"掷飞镖大赛"，我们一起去看看。（课件出示选手成绩）

谁获胜？

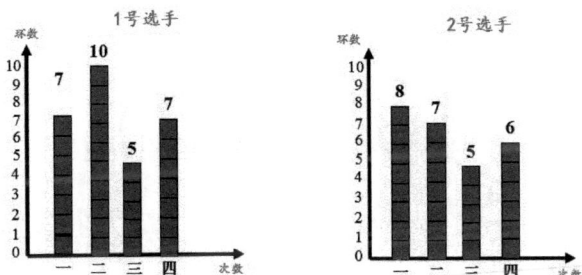

师：谁来当小裁判，报一报每位选手的成绩。

生：1号选手第一次投了7环，第二次投了10环，第三次投了5环，第四次投了7环。2号选手第一次投了8环，第二次投了7环，第三次投了5环，第四次投了6环。

师：根据他们各自的投掷成绩，你们认为谁获胜？为什么？

生：1号选手一共投了29环，2号选手只投了26环，所以1号选手获胜。

师：这两位选手每人都投掷了4次，我们通过比较总数，判断1号选手水平高。

2.次数不同比较代表数

师：现在再来看3号选手和4号选手。总数一定可以代表她们的投掷水平吗？（课件出示3号和4号选手的成绩）

谁水平高？
总数21环　　总数24环

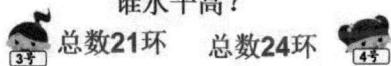

师：现在再请你们来当小裁判，看看谁的水平高？

生：4号。因为4号的总数多。

师：其他同学都同意吗？我们一起来看看她们每次投的成绩。

（课件出示两人投掷成绩）

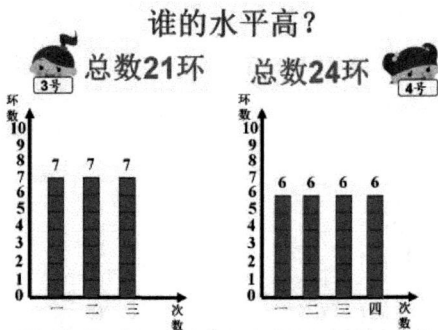

师：现在看到了她们每个人的成绩，你认为还能直接比较总数吗？为什么？

生：不能比较总数了，因为她们投掷的次数不同。

师：是呀，两人投掷次数不同，比较总数不公平。所以在投掷次数不同的时候，总数不能代表选手的投掷水平。那用什么数来代表选手的投掷水平呢？

师：根据她们的投掷成绩你认为选择哪个数来代表她们各自的投掷水平比较合适？为什么？

生：我认为3号选手用7来代表她的投掷水平，因为她三次的投掷成绩都是7。4号选手用6来代表她的投掷水平，因为她四次的投掷成绩都是6。

师：我们就用同学们说的7和6来代表她们各自的投掷水平，这个7和6暂时就叫作3号和4号选手投掷水平的代表数吧。（板书：代表数）

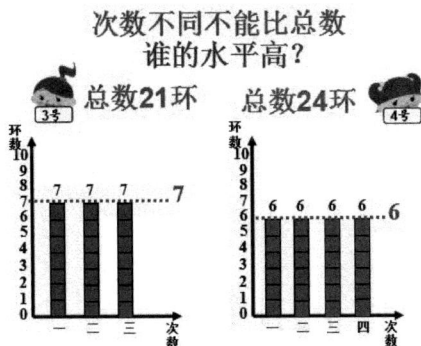

次数不同不能比总数
谁的水平高？

3号　总数21环　总数24环　4号

师：看来，在进行数据比较的时候，我们要根据实际情况判断，既可以直接比较总数，也可以选择能代表这组数据整体水平的一个代表数进行比较。

3.次数不同、每次成绩不同比较平均数

师：下面我们继续来看第三组选手的比赛成绩。（课件出示5号和3号选手的成绩）

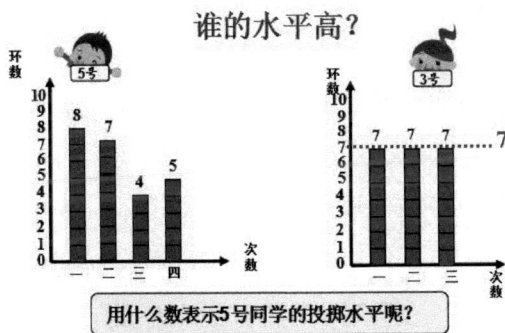

谁的水平高？

用什么数表示5号同学的投掷水平呢？

师：3号选手用7来代表她的投掷水平，那么5号选手用什么数来代表他的投掷水平呢？

【设计意图】当旧方法不能解决新问题时，学生产生了学习新知识的迫切需要，为接下来的自主探究创造了良好的条件。这样设计教学，可以让学生了解数学知识的来龙去脉，体会数学知识的形成过程及其作用。

二、合作探究，体会平均数的意义

1.小组合作

师：请同学们来看合作要求。（课件出示合作要求）

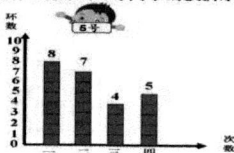

用什么数表示5号同学的投掷水平？

温馨提示

1. 想办法找出这个数(可以在图上画一画)。

2. 把这个数在图中用虚线标出来。

2.交流展示

师：相信经过合作每个小组都有了自己的研究成果，下面我们一起来交流一下。

组1：移一移。

生：我们的想法是能不能像3号选手的投掷成绩那样，把5号选手的投掷成绩变成四次都一样，这样就能找到他的代表数了。我们通过观察发现，先从8环里拿出2环给4环，再从7环里拿出1环给5环，这样就使得四次成绩一样多了。因此，5号选手的投掷水平可以用6来表示。

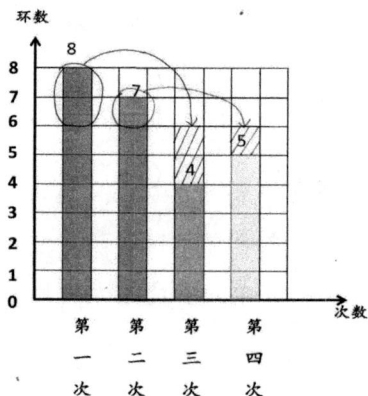

师：大家听明白了吗？我们一起来看看。（课件演示）这个小组用了"移一移"的方法。他们把多的移给了少的，最后使每次成绩变得同样多。数学上把这种方法叫做"移多补少"。（板书：移多补少）

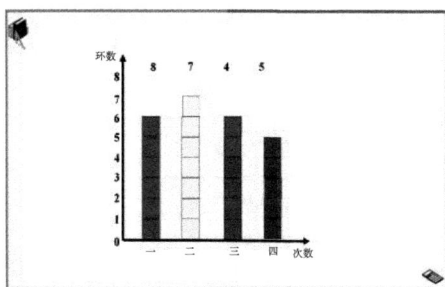

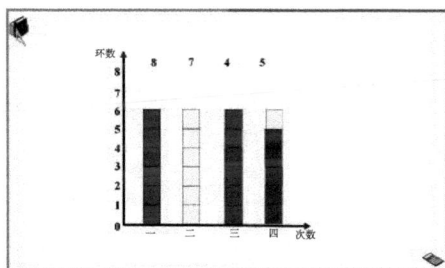

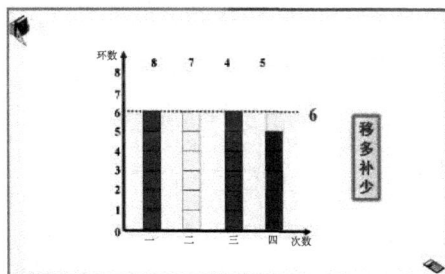

师：还有不同的方法吗？

组2：算一算。

生：我们小组是算的，把四次的成绩加起来再除以次数4，就得到投掷平均成绩是6。算式为（8+7+4+5）÷4=24÷4=6（环）。

师：这个小组用了计算的方法，用总数除以次数。我们结合课件来看一看，就能更好地理解这种方法了。（课件演示）

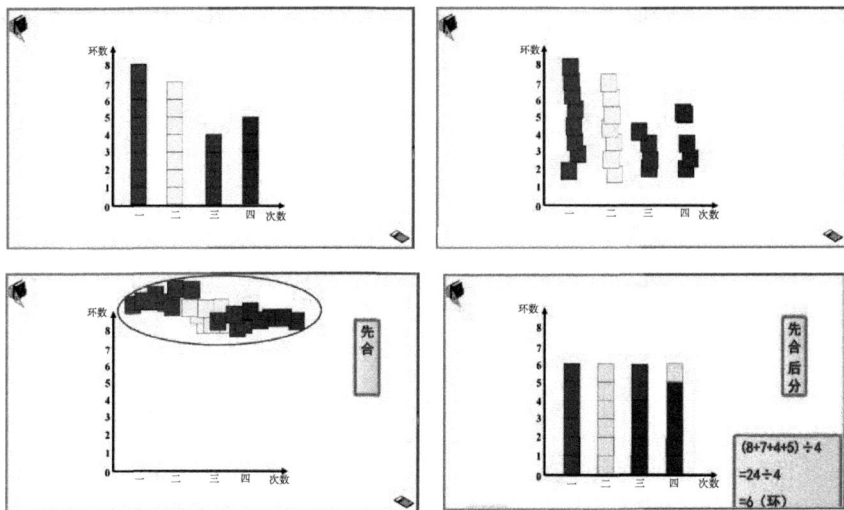

师：把四次的成绩先加起来然后再调整，让每次变得一样多，也就是先求总数，再除以份数，我们把这种方法叫作"先合后分"。（板书：先合后分）

3.数学建模

师：同学们真厉害，用两种不同的方法找到了能够代表5号选手投掷水平的代表数。这个代表数6就叫作8、7、4、5的平均数，平均数能较好地反映一组数据的整体水平。

师：现在你知道3号选手投掷成绩的平均数是几吗？

生：是7。

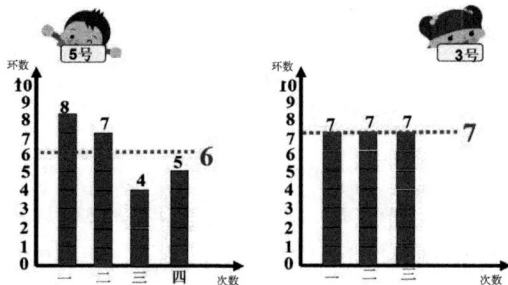

师：现在3号和5号谁的投掷水平高？

生：3号的投掷水平高，因为7大于6。

师：看来平均数不仅能反映一组数据的整体水平，还便于不同组数据的比较。

师：我们再来看3号的平均数，这个平均数7是她第一次投掷的成绩吗？

生：不是。

师：是第二次吗？是第三次吗？

生：不是。

师：那是什么？

生：是三次投掷的平均成绩。

师：对呀，这个7是三次成绩的平均数。

【设计意图】这样设计教学学生的自主探究热情可被充分地激发，进行探究学习就会事半功倍。学生借助教师提供的数形结合支架，通过"移多补少"和"先合后分"，为每一组找到了一个有代表性的数。在这一环节中，通过直观操作，学生深刻地理解了平均数的意义，掌握了平均数的求法，并且发展了自主探究能力。

4.平均数的特点

师：运动会上，同学们参加了投掷飞镖比赛，其实王老师也参加了本次教师组的投掷飞镖比赛，这是我的比赛成绩，请看大屏幕。（课件出示）

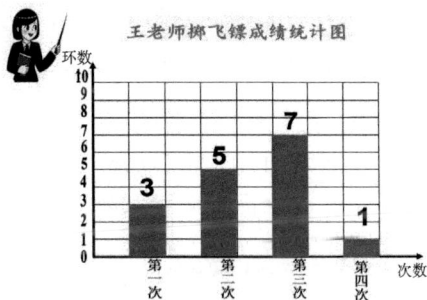

师：大家能算出我投掷飞镖的平均成绩吗？

生：（3+5+7+1）÷4=16÷4=4（环）。

师：同学们继续看大屏幕，如果王老师第四次投掷成绩是9环，平均成绩又是多少？跟上次比平均数会有变化吗？

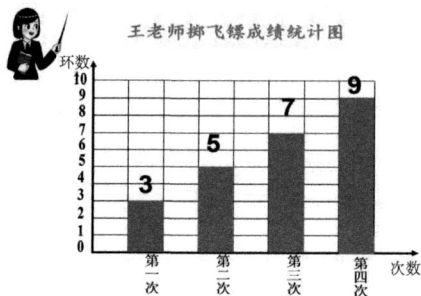

生：平均数有变化，（3+5+7+9）÷4=24÷4=6（环），平均成绩是6环。

师：如果通过加强训练，我的投掷水平有所提高，第四次成绩为13环，我的平均成绩又是多少？

生：（3+5+7+13）÷4=28÷4=7（环）。

师：请同学们观察比较这三组数据和它们的平均数，看看平均数有什么特点？独立思考后，再在小组内说一说。

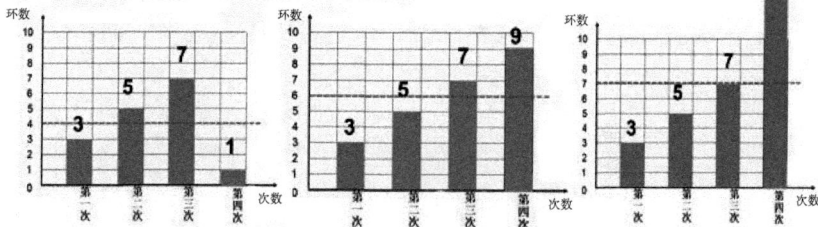

师：哪个小组来汇报一下你们的想法？

生1：我们组发现代表平均数的那条线始终在一组数据的中间。

生2：我们组发现第四次的成绩变大，平均数就变大，第四次的成绩变小，平均数也跟着变小。

师：同学们说得非常好，平均数就是这么敏感，当其中的数据发生变化时，平均数也会跟着发生变化，但不论平均数怎么变，它的范围一定是在数据的最大数和最小数之间。

师：看来关于平均数的知识大家已经掌握得很好了，下面我们就用今天学习的平均数的知识来解决生活中的数学问题。

5.寻找生活中的平均数

师：其实平均数在我们的生活中有着广泛的应用，同学们想一想，你都在哪里见过平均数？

生：平均分，平均身高，平均体重，平均寿命……

【设计意图】在这一环节中，教师引导学生思考两种方法，总结它们的共同点，那就是使每个选手投的成绩看起来同样多。然后，在这个基础上明确"这个有代表性的数"就是这一组数据的平均数，可谓水到渠成。

明确了平均数的概念后，教师引导学生通过一系列活动，发现平均数的虚拟性、敏感性和取值范围。至此，学生成功构建了平均数这一统计模型，了解了平均数的意义和求法，体会了平均数的特点和价值，发展了数学建模能力。

三、应用提高，体会平均数的价值

师：下面这些问题，同样需要我们利用平均数的知识来解决。

练习1.（出示课件）请你根据统计图中的信息计算出7号队员的平均得分。

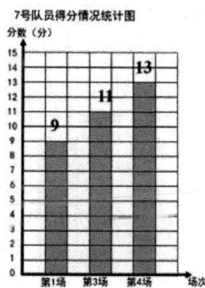

练习2.（出示课件）王强参加了4次数学测验，平均分是68分，如果他在下次测验时考78分，那么下次测验后，5次数学测验的平

均分是多少？

> **2.想一想**
>
> 王强参加了4次数学测验,平均分是68分,如果他在下次测验时考78分,那么下次测验后,5次数学测验的平均分是多少？

师：同学们，首先思考一下，5次数学测验的平均分怎么计算？

生：用5次数学测验的总分除以5。

师：那么5次数学测验的总分怎么计算呢？

生：可以先求前4次数学测验的总分，用前4次数学测验的平均分乘以4得到，即68×4=272（分）。然后，再用前4次数学测验的总分加上第5次数学测验的分数，得到5次数学测验的总分，即272+78=350（分）。

师：那么5次数学测验的平均分就是？

生：350÷5=70（分）。

师：是的，同学们反应非常快。这就是平均数在我们生活中的应用，可以帮助我们处理很多问题。

练习3.（出示课件）池塘边玩耍很危险，让我们一起探究下面池塘的平均水深。

师：小亮来到一个池塘边玩耍，看到警示牌上提醒：平均水深120厘米。小亮乐开了花，这也太浅了，我的身高是150厘米，下水游泳一定没危险。你们觉得小亮的想法对吗？

生：小亮的想法不对。池塘里可能有的地方比较浅，只有几十厘米，而有的地方比较深，深度可能超过150厘米。所以，小亮下水游泳可能会有危险。

师：说得真好！同学们想看看这个池塘水底下的真实情形吗？（出示池塘水底的剖面图）

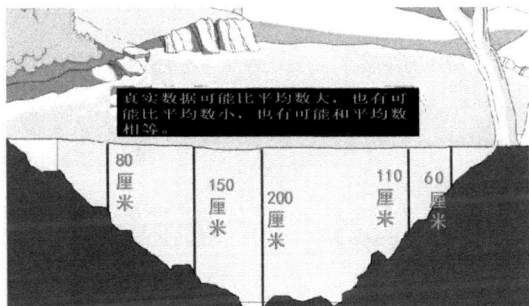

师：同学们记住了，野外游泳很危险，如果你想游泳一定要到有安全员的泳池或大人陪伴身边，千万不要独自或结伴成群去野外游泳。

练习4.（出示课件）在比赛时为了不让平均数受极端数的影响，对选手保持公平，计分时一般要去掉一个最高分，去掉一个最低分，剩余的成绩的平均分就是最后的得分。请你算一算张亮的平均成绩。

4. 算一算 少儿才艺大赛成绩表

	1号评委	2号评委	3号评委	4号评委	5号评委	6号评委	7号评委	平均成绩
张亮	94	94	95	99	94	93	82	

评分规则：去掉一个最高分，去掉一个最低分，剩余成绩的平均数就是最后得分。

生：去掉最高分99，再去掉最低分82，平均成绩为（94+94+95+94+93）÷5=94（分）。

【设计意图】建模的意义在于解决问题，教师引导学生从"投篮命中的平均数"延伸出去，寻找平均数在生活中的广泛应用，并在平均年龄、平均水深、平均分数的情境中进一步巩固平均数的求法，加深对平均数的理解。

四、总结提升

师：这节课你有什么收获？

师：同学们，我们来回顾一下这节课的学习过程。（出示课件）

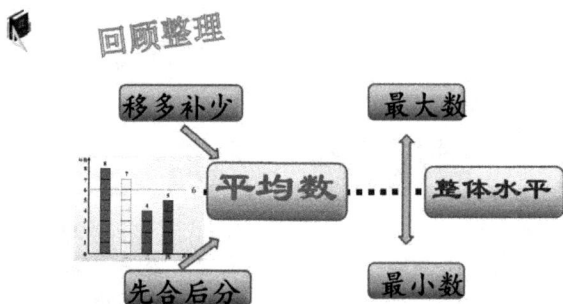

师：我们先是在问题情境中，遇到了"次数不同时，哪组的投掷水平高"的问题，体会到了学习平均数的必要性。接着，我们通过自主探究，用移多补少和先合并再平分的方法找到了平均数。最后，我们用平均数的知识解决了生活中的问题，并在解决问题的过程中，深刻地体会到平均数代表一组数据的整体水平。

师：其实平均数还有很多的用处，我们以后还会学习更多关于平均数的知识，这节课就先上到这里，下课！

【设计意图】课堂总结不仅是知识的梳理，更是思想方法的强化和情感态度的升华。通过畅谈和反思，培养学生自主构建知识网络和学会学习的能力。

【教学反思】

本节课有以下几个特点：

（1）巧搭生活情境支架，创造认知冲突，体会学习平均数的必要性。学生由于受到"比总数"的定势影响，很难想到可以用"比平均数"来比较两组数据的大小。本节课中，教师有意识地为学生搭建桥梁，引导学生顺利地从"比总数"跨越到"比平均数"。首先，教师搭建了投掷飞镖大赛的生活情境支架，让学生评判谁获胜。投掷次数相同时，学生可用比较总数的方法判断出结果。然后，教师出示两位学生的投掷总数，让同学们来比较他们的投掷水平，学生受到思维定式的影响，认为总数多的投掷水平高。教师不置可否，接着又出示了两组投掷次数不同的数据，面对这样的数据，学生很容易推翻自己原有的判断，发现不能直接比较总数，而要比较每次投掷的结果。这样设计教学有效地打破了"比总数"的思维定式，同时还让学生意识到在次数不同的情况下不能比较总数。此时，已有的旧知不能解决新的问题，需要寻找一个能代表这一组投掷水平的"新数"，由此体会到了学习"平均数"的必要性。教师让学生思考"3个7与4个6如何比较更合理"，既可以打破思维定式，又可以从中得到启示：如果每次投得一样多，可以用一样多的这个数来进行比较。这一桥梁的搭建，既降低了学生对平均数的认识难度，也有利于加深学生对平均数的理解。

（2）搭建数形结合支架，借助几何直观，化抽象为形象，深入理解平均数的意义。平均数是学生接触的第一个统计量，相对来说比较抽象，本节课中教师多次搭建数形结合支架——借助直观图，化抽象为形象，让学生在移一移、想一想等活动中加深对平均数的理解。例如，课始比较1号与2号选手投掷水平的高低时出示了条形图，可以让学生很容易就比较出两人的水平高低，为之后平均数的学习作好铺垫。在探索用什么数来表示5号的投掷水平时，同时出示了两个直观图，在对比中学生可以产生这样的想法："能不能找一个像3号选手都投掷了7环那样的数来代表5号选手的投掷水平？"在操作时，让学生在移一移的过程中感受如何通过移多补少得到平均数。在教师投掷平均水平的练习环节，教师引导学生关注第4次数据的变化会让平均数发生什么样的变化，这样学生可以利用直观图在头脑中移一移，感受本组数据中任何一个数都会对平均数的大小产生影响。这些数形结合支架的搭建，使平均数不仅具有"数"

的特征，更具有"形"的表象，非常有利于学生对平均数的大小和意义的理解。

（3）巧设陷阱，引发学生质疑，激发深层思考。本节课中，教师多次有意识地设置陷阱，引发学生深层思考。例如，教师只出示3号与4号选手的投掷总数，让学生猜测两位参赛队员投掷水平的高低，当学生根据总数作出判断后，教师再出示具体数据，引发学生思考："刚才很多同学看到总数时都认为3号的水平更高一些，现在为什么改变主意了?"这样设计教学，可以让学生自主感悟到次数不同时不能直接比总数。

三、图表支架及教学案例

图表支架是利用数学知识间的联系，运用思维导图、表格等，并以必要的文字为辅助，为学生建构科学的认知结构。搭建图表支架可以运用图文并重的技巧，把各级主题的关系用相互隶属与相关的层级图表现出来，将思维过程可视化、复杂问题简明化，便于学生形象地理解数学知识间的联系，形成良好的认知结构。

如在复习五年级上册《长方体和正方体》这一单元时，教师可带领学生总结单元知识点，引导学生经历知识的梳理和归纳过程，形成思维导图，通过搭建图表支架，培养学生的归纳、推理能力。再如，在《打电话》一节中，教师可以巧用图表支架，让学生经历解决问题的过程，渗透优化的数学思想。

教学案例一：《长方体和正方体的整理和复习》

【教学内容】

青岛版《义务教育教科书（五·四学制）·数学》五年级上册第41页。

【教材分析】

教材中"长方体和正方体的整理和复习"共分两部分。上半部分通过对话的形式引导学生回顾本单元的几个重要知识点：长方体和正方体的特征及它们之间的关系；长方体和正方体的表面积和体积的计算方法。下半部分主要呈现了长方体和正方体体积公式的推导过程，旨在通过回顾这一过程，获取一种解决问题的策略。实际教学中，引导学生在自主整理的基础上对比长方体和正方体的相同点与不同点，帮助学生深入理解本单元内容并灵活掌握相关知识，让学生在"温故"中做到"知新"，进一步发展空间观念。

【教学目标】

（1）系统地、全面地复习和整理长方体和正方体的相关知识，使所学知识更系统，形成知识网络，构建知识体系。在整理和复习的过程中，进一步体会数学知识和方法之间的内在联系。

（2）经历回顾整理的过程，掌握整理的方法，进一步发展空间观念，提高归纳、整理和综合运用所学知识解决实际问题的能力。

（3）在整理和复习的过程中，评价与反思自己在本单元的学习情况，感受数学的意义和价值，进一步增强学好数学的自信心。

【教学重难点】

沟通知识间的内在联系，应用所学知识解决实际问题；总结提升学习的思想方法。

【教学过程】

一、创设情境，整体回顾

出示课件：

谈话：同学们知道他是谁吗？他有一句名言叫"温故而知新"，谁知道是什么意思？

引导学生明确本节课要在"温故"中"知新"。

追问：长方体和正方体这部分知识都包括哪些方面的内容？

根据学生回答完善板书内容。

欣赏学生作品，引导学生体会数学的简洁之美。

出示课件：

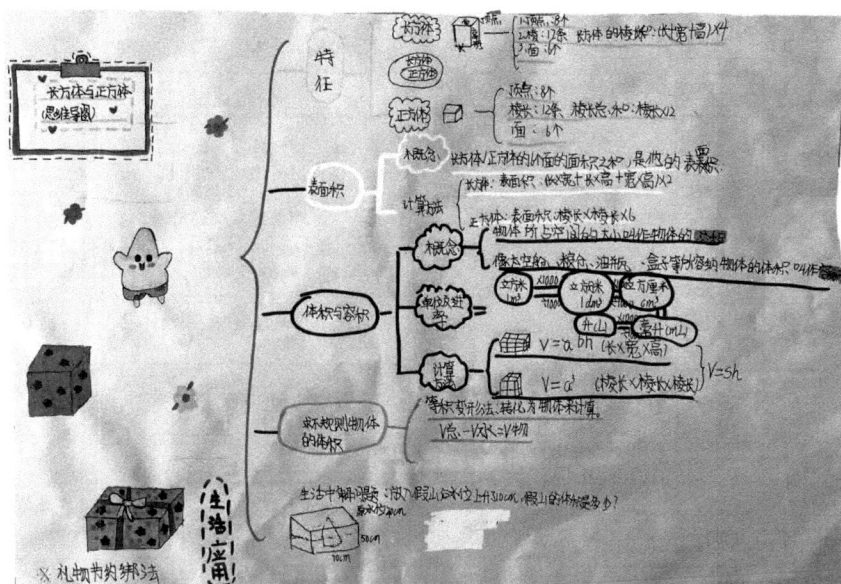

【设计意图】孔子的"温故而知新"，拉近了数学与传统文化之间的距离，使学生明确了整理与复习课的目标就是在回顾旧知识的过程中收获新感悟，同时充分调动学生学习的积极性，促使学生带着问题进行思考。

二、梳理归网，主体内化

1.回顾知识，自主梳理

谈话：同学们在课前整理本单元知识的时候，都是将书上的知识点一个一个地罗列，你们有没有什么好办法，使这些知识点看起来比较清晰？

引导学生按照长方体和正方体的相同点和不同点进行整理。

2.建构网络，渗透方法

（1）重新整理，渗透"比较"。

谈话：哪个小组来汇报一下你们找到的相同点和不同点？

引导学生从长方体和正方体的特征、表面积、单位及换算、体积（容积）四个方面汇报它们的异同。

出示课件：

	相同点	不同点
特征	(1) 6个面，12条棱，8个顶点 (2) 相对的面完全相同 相对的棱长度相等 (3) 从一个方向观察，最多能 同时看到3个面	长方体：相对的面完全相同 相对的棱长度相等 正方体：6个面都完全相同 12条棱长度都相等 棱长之和（长）= 4a+4b+4h = 4(a+b+h) 棱长之和（正）= 12a
表面积	意义：6个面的总面积	长方体：S=2(ab+ah+bh) 正方体：S=6a²
体积 （容积）	体积：物体所占空间的大小 容积：容器所能容纳物体的体积 V = sh	长方体：V=abh 正方体：V=a³
单位 及 换算	1000 1000 cm³ dm³ m³ ml L	

追问：刚才我们在同学们课前整理的基础上，对比着长方体和正方体的相同点与不同点又重新进行了整理。比较这两种整理方法，你们更喜欢哪一种？

引导学生体会比较方法的好处。

【设计意图】在学生自主整理的基础上，教师引导学生对比着长方体和正方体的相同点与不同点又重新进行了整理。在对比两种整理方式时，学生明确地感受到第二种整理方法的好处。比较作为数学学习中一种重要的学习方式，其优点就是能够使知识体系更清晰。

（2）推导过程，渗透"推理"。

播放微课，回顾长方体和正方体体积公式的推导过程。

谈话：思考一下，圆柱、三棱柱、五棱柱的体积可以怎样计算？你是怎样想的？

出示课件：

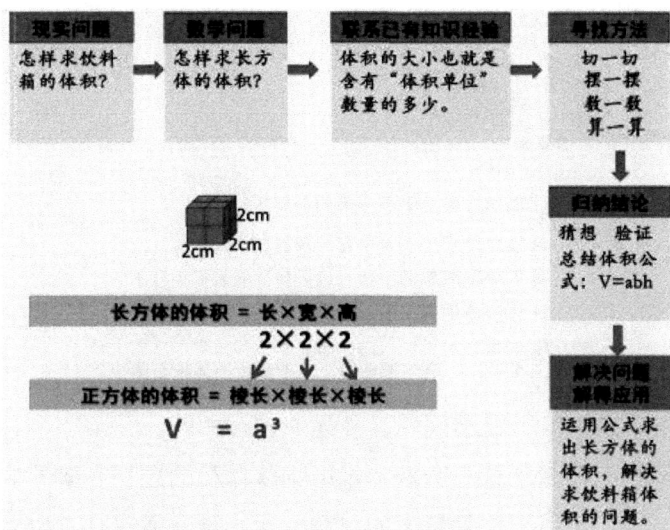

引导学生说出它们的体积也是用底面积乘高，因为它们都是由完全相同的平面图形堆积而成的。

追问：想想看，还有什么样的立体图形也可以用底面积乘高来计算体积？

总结：只要是柱体就可以用底面积乘高来计算体积。

引导学生体会"推理"的重要性。

【设计意图】教师引导学生在长方体体积公式的基础上推理得出正方体的体积公式，又在长方体和正方体体积公式的基础上推理得出柱体体积的计算公式。推理可以带领学生探索更多的未知领域，所以它也是数学学习中的一种重要方法。

（3）学以致用，渗透"分类"。

谈话：爱因斯坦曾经说过"提出一个问题比解决一个问题更重要"。同学们，你能根据图中信息提出几个数学问题吗？

出示课件：

棱是用金属条做的

3分米

8分米 5分米

四周和底面是玻璃

①做鱼缸需要多少分米的金属条？

②做鱼缸需要多少平方分米的玻璃？

③如果厚度忽略不计，这个鱼缸能装多少升水？

④鱼缸占地多少平方分米？

⑤如果往水里倒入鹅卵石、水草和鱼后，水面上升了 1分米，这些鹅卵石、水草和鱼的体积是多少？

引导学生提出数学问题，并逐一进行解答。

追问：第⑤题是一个求不规则物体体积的题目，解答它的时候，我们运用到了一个非常重要的思想方法，你知道是什么吗？

引导学生体会"转化"的魅力。

谈话：我们给这些问题分分类吧？你想怎样分类？

学生按求长度、面积、体积（容积）进行分类。

引导：如果把长度看作"一维"，那么面积就是"二维"，体积和容积就是"三维"。分类之所以能够成为一种重要的学习方法，就是因为它可以将我们的思维一步一步地引向深入。

【设计意图】本环节例题题目设计信息容量大，包含了整个单元的复习内容，不但能够达到练一题串一片的效果，还很好地培养学生自主提出问题、分析问题和解决问题的能力。在解决问题的过程中，教师将知识前后贯通，进一步形成认知结构，同时还给学生渗透"转化"和"分类"的数学思想方法。

3.提炼方法，认知内化

谈话：本节课我们复习了长方体和正方体这一单元的知识，它都包括哪些内容？除此之外，我们还将数学学习中常用的数学思想方法也进行了整理，都有哪些？

根据学生回答，教师完善板书。

谈话：老师现在板书的内容形式是一种新的整理方法，它叫流程图。它和表格、树形图等方法一样，是思维导图的一种。

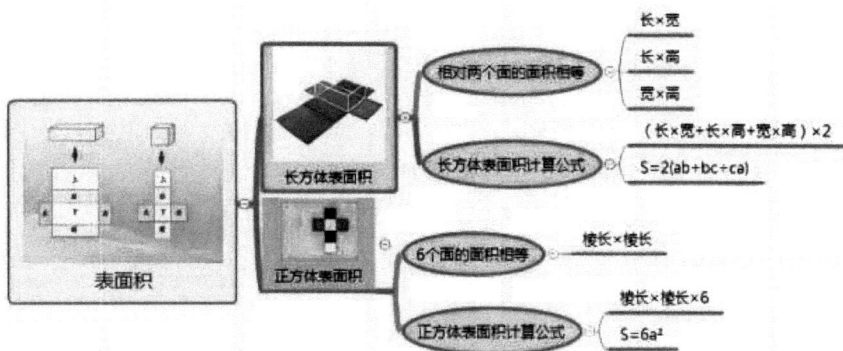

教师简介"思维导图"相关内容。（略）

【设计意图】获得解决问题的方法比解决问题本身更为重要。整理时，先给学生渗透整理的思路和线索，使他们了解知识结构、方法体系的表达或呈现方式；同时，引导学生整理知识之间的内在联系与区别，以及知识的来龙去脉及发展过程。思维导图等多种形式的呈现使学生在整理知识时，可以选择自己喜欢的方式，有了更大的选择空间。

三、综合应用，整体提高

1.克服定势——变式练

在长8厘米、宽4厘米、高5厘米的盒子里装入棱长2厘米的小正方体，最多能装多少块？

出示课件：

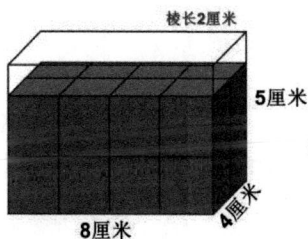

（1）学生独立完成。

（2）全班交流汇报。

预设1：（8×4×5）÷（2×2×2）=20（个）。

预设2：（8÷2）×（4÷2）×（5÷2）≈16（个）。

追问：哪种方法更精确？为什么？什么情况下两种方法都可以用？

（3）总结：根据实际情况选择合适的方法进行解答。

2.拓展延伸——发展练

学生根据自己的理解作出选择。

出示课件：

通风管需要用多少平方分米铁皮？

A. 2×5×4

B. 2×4×5

5分米

2分米

2分米

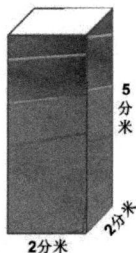

追问：大家都选A，那么B就没有道理吗？

引导学生明确，B是用"底面周长×高"的方法计算侧面积，它也是有道理的。

谈话：刚才我们沿着长方体的高剪开，将它的侧面变成了一个长方形。还是这张长方形铁皮，如果把它卷成圆柱、三棱柱、五棱柱，它们的侧面积你会求吗？

学生发现，在这个过程中，"形状变了，侧面积没变"，引出"等积变形"问题。

谈话："形"就是形状，而"积"在这道题里指"面积"，但有的时候，它也指"体积"。

列举生活中"等（体）积变形"现象。

【设计意图】整理复习课的应用不同于新授课的应用，虽然两种课的应用都要把握训练的层次性、梯度性，即由基础训练到综合训练，再由综合训练到发展训练，但二者的侧重点有所不同。整理复习课训练的重点是以更高层次的综合训练和发展训练为主，以基本层次的基础训练为辅，促进学生认知结构的内化和应用能力的提高。

四、回顾梳理，总结提升

（1）根据板书内容，引导学生全面回顾本节课。教师从知识、技能、活动经验和情感、态度与价值观等方面引导学生回顾。

（2）根据学生回答，引导学生将本课知识与以前学习的知识相联系，从而初步形成知识建构的意识。

（3）教师总结提升。本节课通过"课前整理，课上完善——分类对比，构建网络——灵活应用，解决问题"的流程，整理复习了长方体和正方体的相关知识。

【设计意图】通过回顾所学知识，学生在"温故"的过程中有了新的收获与感悟，提升了梳理、概括知识的能力，同时养成了自主整理、主动建构知识网络体系的习惯，切实培养了数学素养。

【教学反思】

复习课是学生对已有知识的再现和梳理，对已经建构的知识进行巩固、深化和扩展。复习课应当选择恰当的教学策略，充分发挥复习课的作用，避免将复习课上成重复课。平时教学中的知识点往往是零散地呈现，缺乏系统整理，所以经过一个阶段的学习后，教师要引导学生整理、归纳所学的内容，促进知识条理化、系统化，从整体上把握知识结构。因此，复习课的教学设计要体现出整理过程。在复习"长方体和正方体的特征"时，先让学生用自己喜欢的方式整理出知识表格、知识树等，课堂上再给学生创设"独立思考—小组交流—展示汇报"等交流互动机会。这样让学生先自主整理，再进行交流互动，能有效地激发学生学习的积极性与主动性，同时展示学习的个性。鱼缸题，可让学生互相交流，学会发现问题、提出问题、分析问题，并解决问题。本节课教学设计做到形式多样、内容丰富、一题多变、层次清楚，引导学生将生活经验与数学活动经验有效对接，综合运用所学知识灵活地解决实际问题。同时，充分尊重学生的学习起点，以开放的想象活动，让学生在不知不觉中激活已有的经验积累，为主动运用知识打下基础，还锻炼了学生的想象能力，体现了"带着问题进课堂，带着问题出课堂"的思想。本节课通过整理复习，让学生的思维过程外显出来，再经过教师点拨、引导，不仅加深了对所学知识的理解，而且能温故知新，提高数学知识的应用能力。

教学案例二：《打电话》

【教学内容】

人教版《义务教育课程标准实验教科书·数学》五年级下册第132—133页。

【教学目标】

（1）通过寻求"最省时的打电话"方案，亲身经历解决问题的全过程。

（2）通过操作、画图、填表等方式发现事物隐含的规律，促进数学思考，培养分析、归纳推理能力。

（3）通过综合应用进一步体会数学与生活的密切联系，体会优化思想在实际生活中的应用，培养运用数学知识解决实际问题的能力。

【教学重难点】

学会用图示法记录"怎样打电话省时"的思考过程。辨析各个方案，从中优化出最好的方案，并发现事物隐含的规律。

【教学准备】

多媒体课件、记录单。

【教学过程】

课前小游戏："听音乐，猜歌名"，引出动画片《喜羊羊与灰太狼》。

一、课始情境激趣

师：话说羊羊运动会上，狡猾的灰太狼暗地里散播了一种超级病毒，在场的511只羊（板书511只）无一幸免，其中还包括来自未来草原的7只贵宾羊。据说这种病毒会在今天中午12点整准时发作，致使羊变成披着羊皮的狼。怎么办呢？村长慢羊羊急中生智，很快研制了解药。现在他需要通知这511只羊来取解药，用什么办法通知最快呢？

【设计意图】 从学生非常熟悉的动画故事开始，激发学生的学习欲望。这样设计教学可让学生饶有兴趣地进入新知识的学习，调动其思维的积极性。

生：打电话、发短信、写信、开广播、上门通知、发邮件、QQ……

师：现代社会有很多通信方式。请同学们仔细想一想，哪种办法既方便快捷又能确保对方接到通知呢？

生：打电话。

师：村长慢羊羊也准备采用打电话的方式来通知。（板书：打电话）

【设计意图】 让学生从众多通信方式中择优出"打电话"，明确"打电话"具有方便快捷的特点。

师：村长想：先打电话给第1只羊，再打给第2只羊，然后打给第3只羊，这样依次下去，最后给第511只羊打电话。

师：我们假定村长给1只羊打电话需要1分钟，他给511只羊打完电话需要多少时间?

生:511分钟。

师:511分钟,估算一下,是多少个小时?

生:大约9个小时。

师:如果连续打9个小时电话,你会是什么感觉?

生:时间太长了。

师:这样打电话也太累,太慢了。难怪村长的名字叫?

生:慢羊羊。

师:同学们,灰太狼的病毒会在12点整暴发,这样逐一打电话还来得及吗?

【设计意图】学生认识到村长"逐一打电话"的办法太慢,通过设疑,思维进一步推进:怎样节省打电话的时间呢?

二、首次优化方案

师:怎样打电话才能节省时间呢?

生1:把511只羊分成几个小组,村长先给组长打电话,然后让组长同时打电话通知其他组员。

生2:找几只羊来给村长帮忙,一起打电话。

师:大家听明白了吗?这些办法能节省时间吗?为什么能节省时间?

生1:因为不是一个一个地打电话了,有其他羊一起打电话。

生2:同时打电话能节省时间。

师:同学们真会想办法,让羊羊们同时打电话,能节省时间。(板书:同时打)给511只羊打电话至少需要多少时间?

【设计意图】学生凭借已有的经验得出:让多一些的羊同时打电话就能节省时间。老师顺势提出"给511只羊打电话至少需要多少时间"这一个具有挑战性的问题,激发了学生的探究热情。

三、化繁为简的思路

师:怎么研究这个问题呢?同学们交流一下。

生1：可以用画图的办法来研究。

生2：把羊的只数减少，然后寻找规律。

师：同学们很有数学家的潜质。我们可以将大数转化成小数，化繁为简来研究，找一找其中有没有什么规律，如果能发现某种规律，就能解决问题。

师：我们以给贵宾羊打电话为例，有几只贵宾羊？

生：7只。

师：给7只羊打电话至少需要多少时间？（假定给一只羊打电话需要一分钟）

【设计意图】此环节的设计有意唤醒学生之前训练过的化繁为简、寻找规律等数学思考方式，让学生突出感受"转化"策略这一数学思想。

四、开展小组活动

师：围绕这个问题开展小组探究活动，活动之前，请看活动要求：

（1）小组合作学习，设计打电话的省时方案。

（2）用合适的方式把方案填写在记录单上。

师：活动要求（2）中，合适的方式是指你的记录要别人一看就能明白。

【设计意图】小组合作探究活动给了学生思考空间，让他们担任打电话方案设计师，并用自己喜欢的方式记录打电话的省时方案。

五、优化记录方式

师：刚刚老师收集了几种不同的方案，我们一起来看看。

（课件展示文字和画图两种记录单。）

师：这两位同学分别用文字和画图的方法记录了打电话的过程，你们更喜欢哪一种呢？为什么？

生：画图的方法看上去既简单又清楚。

师：说得好！画图是解决问题的好方法。简洁、直观，能有效地帮助我们分析问题。我们看看这个画图表示的方案。

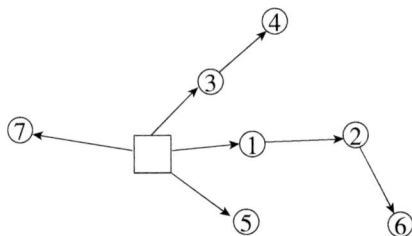

师：同学们能看明白吗？老师有几个问题请教一下。方框表示什么？圆圈表示什么？圈内的数字表示什么？直线表示什么？

生：方框表示村长慢羊羊。圆圈表示要通知的贵宾羊。圈内的数字表示第几只羊。直线表示通电话。

师：从这幅图上，能看出打电话的时间吗？

生：不能。

师：怎样表示打电话的时间？

生：第几分钟给哪只羊打电话就在直线上写数字几。

师：有请小设计师闪亮登场！请你在标出时间的同时，说一说打电话的过程。老师将你的方案展示在黑板上，好吗？

（学生汇报，老师同时用学具在黑板上展示。）

【设计意图】在多种记录方式中，通过对比优化，让学生感受用画图记录的优越性，这是优化思想的又一体现。

六、再次优化方案

师：现在，打电话的过程一目了然，村长用了几分钟？

生：4分钟。

师：还有更省时间的方案吗？

生：我只用了3分钟。

师：请你用学具将你的方案展示在黑板上，希望你边摆边解说。

（学生用学具将3分钟方案展示在黑板上。）

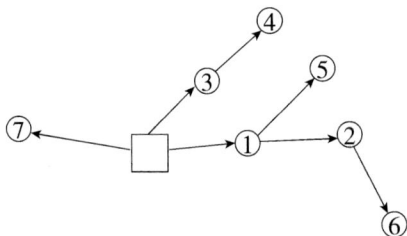

师：他的方案花了几分钟时间？

生：3分钟。

师：比老师的方案还少了1分钟。掌声鼓励！还有用时更少的方案吗？

师：对比村长逐一打电话的方法，方案一和方案二（板书：方案一、方案二）都节省了时间，都是同时打电话，为什么方案二比方案一还要节省1分钟呢？

生1：方案一里有羊去玩了。

师：你观察得真仔细，谁还想说一说？

生2：方案一里的1号羊第三分钟时没有打电话，在休息。

师：你真是火眼金睛，一下子就发现：方案一里，1号羊在第3分钟去玩了。如果我们让1号羊在第3分钟时不去玩，也打电话，这样更能节省时间。

师：仔细观察方案二，在这3分钟里，还有得到消息的羊闲着吗？

生：没有了。

师：每只得到消息的羊都不闲着，都在同时打电话。这说明给七只羊打电话至少要多长时间？

生：3分钟。

【设计意图】在黑板上清晰地呈现两种打电话的方案，便于学生寻找到两种方案的不同，在对比中体会"得到消息的羊都不闲着，都同时打电话"能更节省时间。这样的教学设计在学生的自主发现中较好地突破了本课的重点、难点。

七、发现规律

师：让我们回顾"同时打电话，羊羊不闲着"的最优方案，寻找其中的规律。

（课件出示表格第一栏"时间"、第二栏"知道消息的总羊数"及每分钟打电话的情况。）

时间	知道消息的总羊数
1	2
2	4
3	8
4	16

师：第一分钟完毕的时候，知道消息的总羊数为？

生：2只。

师：哪两只？

生：村长和1号羊。

师：（课件出示两分钟情况）第二分钟里，这两只羊都同时干什么？

生：打电话。

师：第二分钟完毕的时候，知道消息的总羊数为？

生：4只。

师：（课件出示三分钟情况）第三分钟完毕时，知道消息的总羊数为？

生：8只。

师：怎么想的？

生：已经知道消息的4只羊都同时打电话，4加4等于8。

师：如果再增加一分钟，知道消息的总羊数是？

生：16只。

师：答得这么快啊！怎么想的？

生：就是前面的数字乘2。

师：说得太好了。

（表格数据填到9分钟）

（课件出示表格第三栏"已通知的总羊数"）

时间	知道消息的总羊数	已通知的总羊数
1	2	1
2	4	3
3	8	7
4	16	15
5	32	31
6	64	63
7	128	127
8	256	255
9	512	511

师：同学们真了不起，继续挑战。在第一分钟完毕的时候，已通知的总羊数是？

生：1只。

师：第二分钟完毕时，已通知的总羊数是？

生：3只。

师：为什么？

生：在知道消息总羊数的基础上减去1.

师：为什么减1？

生：减掉慢羊羊。

师：（填至9分钟）第九分钟完毕时，已通知的总羊数是？

生：511只。

师：511就是村长需要通知的总羊数，他只需要9分钟，就能通知完毕。看到这个结果，你有什么感受？

生1：我觉得太不可思议了，只需要9分钟就能把电话打完。

生2：大家一起打电话的速度真快啊。

师：数学很神奇吧。更神奇的是同学们的智慧，这是大家共同研究的结果。我们赶紧将这个好消息告诉村长吧！

【设计意图】借助课件演示回顾最优方案，让学生从视觉上感受同时打电话的过程和通知的总羊数成倍地增加。通过表格整理数据、发现规律，并让学生思考为什么会有这样的规律，再次体会同时、不闲着的打电话最优方法。

八、小结最优方案

师：我们还得提醒村长，打电话时要注意什么？

生1：打电话时有可能不知道电话号码。

生2：有可能会重复打给同一只羊，不知道谁打给谁。

师：真会想问题，在实际打电话过程中，我们还得事先画出打电话的流程图。

【设计意图】小结打电话最优方案，和实际生活相联系，让学生体会数学来源于生活，也应用于生活的道理。

九、拓展延伸

师：（课件出示）村长马上回了消息，打开它。

大家好！同学们真了不起，想到了这么省时的打电话方法，谢谢你们。在刚刚召开的羊村会议上，我把解药发给了到会的代表们，现在我只需要通知187只羊前来领解药。打电话至少需要多少时间呢？（假定打电话给一只羊需要一分钟）

生1：7分钟多。

生2：8分钟。

师：你们都是怎么想的？

生1：7分钟可以通知127只羊，8分钟可以通知255只羊，要通知的187只羊在127与255之间，所以是7分钟多，不到8分钟。

生2：打一个电话就需要1分钟，半分钟打不了电话。

师：在第7分钟完毕的时候，我们最多可以通知127只羊，如果我们要通知128只羊，需要多少分钟？（8分钟）要通知129只羊呢？（8分钟）也就是说，我们要通知128只羊、129只羊、130只羊……一直到255只羊，都需要（8分钟）。

师：只需要8分钟，灰太狼的计划就要泡汤了。

【设计意图】课尾练习，让学生应用刚刚理清的表格数据解决新的问题，从而思考为什么会有这样的结果，同时让学生学会关注已有的条件，体会分段区间的思想。

【教学反思】

本节课构思新颖，设计独特，体现了课程改革的教学理念，具体表现在以下几个方面：

（1）创设有效教学情境。兴趣是学生学习的直接动力。教师把学生喜闻乐见的《喜羊羊与灰太狼》动画形象贯穿课堂始终，没有游离于形式，而是以故事情节为明线，以数学综合实践能力的培养为暗线，同时推进，相得益彰。整堂课中学生情绪高涨，思维活跃。

（2）数学思想的渗透贯穿全课。教师把对数学思想——优化思想的渗透作为整节课的主旋律。优化作为一种思想，光靠教师的教学是不行的，应是在教师的精心设计中，让学生去理解、感悟，并在实际问题中应用。教师从选择通信方式到打电话记录方式、打电话的过程，乃至应用都是围绕优化进行的，让学生真切地感受优化，并运用优化，初步形成了优化思想。

（3）科学处理运用教材。教材中有逐一打电话、分组打电话、不空闲打电话三种情况，教师根据学生实际，将教学重心放在第三种最优方案的探究上面，教学内容相对集中，保证学生有足够时间分析、思考、归纳与总结。

（4）培养学生良好的思维品质。整堂课的教学注重对学习过程的参与，引导学生探索数学规律，经历化繁为简—寻找规律—解决问题的过程，使学生在合作交流、与人分享和独立思考的氛围中，学会倾听、质疑、说服、推广，直至感到豁然开朗，培养了学生科学、严谨的思维品质。同时，数学思想润物细无声地渗透，有效地提升了学生的数学素养。

四、问题串支架及教学案例

问题串支架是指在一定的学习范围内或者教学主题内，围绕一定的目标，根据逻辑结构精心设计的一组具有内在逻辑关系的问题。使用问题串进行教学，实质上是引导学生带着问题进行积极的自主学习，由表及里、由浅入深地自我建构知识体系。因此，问题串教学支架就是围绕着探究目标，通过设置一系列有针对性的问题引导学生自主学习，教师在识别学生反应的基础上，采用有效指导，促进学生不断达成探究目标的一种有效方法。

要注意的是，在教学过程采用"提问—学生应答—教师应答"的提问方式，虽设置了问题串，但不一定是有效的。问题串有没有支架意义很重要，有了支架意义，问题串教学才有意义，才有实效。从教与学发生的机理来看，问题串支架应设在学生的实际发展水平与学生的潜在发展水平之间，如果能以支架的方式发挥问题串的过渡作用及支撑作用，按照学习支架理论，这样设置的问题串才有了认知心理学上的意义，才能达到学的最大效能。

（1）从支架理论看问题串设计的出发点。问题串的设计要建立在学生的实际发展水平上，要从易到难。问题串的第一个问题要难易适度，要符合学生的认知水平，过难会使学困生望而生畏，过易则失去意义。我们要明白，问题串的作用是在已知区间与未知区间架起一座桥梁，在支撑学生原有的认知水平上，发展为"跳一跳能摘到发展区的桃子"。但是在实际教学中，同一班级的学生在智力水平、性格、兴趣、能力等方面都具有较大的个体差异。所有问题针对中等生，往往忽略了一部分学困生和优等生，使得一部分学困生一开始就进不了状态，因为很多问题对他们来说都很难，有可能在一节课内毫无收获，久而久之就会对学科的学习失去兴趣与信心；而对优等生来说，他们也是收效甚微，没有思考空间，无法提高思维能力，这不符合数学新课程要"面向全体学生"的要求。所以设计问题串时要考虑这一点，要在一定程度上改变以上状况。如图6中问题串的第一个问题，要让学困生通过自己的思考或通过优等生简单的交流能作出回答，这时学困生在解决第一个问题时就获得了信心，也就能顺利地为进入第二个问题做好积极的心理准备，而优等生在交流过程中提升了语言交际能力，也为解决第二个问题建立了更大的信心。一般来说，问题串的第三个或第三个以上的问题是让优等生有挑战感、难度较大的问题。把第三个或第三个以上的问题弄懂并教会给学困生，不仅是学习技能上的提升，有时也是表述能力上的提升。如此，一节课下来，不管学生基础如何，都能在课堂上有所收获。

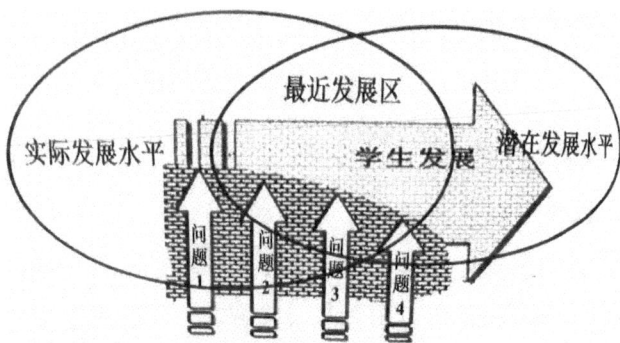

图6　问题串支架结构

（2）从支架理论看问题串设计的注意点。图中问题串的高低不同，表示所设计的问题要有梯度，即所设计的问题要在让学生有好奇心和刺激感的前提下，在思维层面上有不同的要求，在内容的深度上有所差异。按照支架理论，问题串的设计从左到右、从高到低要形成一种渐退过程，即随着学习者能力的提高，教师的帮助要逐渐消失。在最后撤销支架时还要让学生在潜在发展区有所感悟，甚至有所领悟。

教学案例一：《平行四边形的面积》

【教学内容】

人教版《义务教育课程标准实验教科书·数学》五年级上册第86—88页。

【教材分析】

平行四边形的面积是学生在掌握了平行四边形的特征以及长方形、正方形面积计算的基础上进行的。在理解的基础上掌握公式，有利于学生学会推导方法，为三角形、梯形的面积公式的推导做准备，为几何知识的深入学习起到承前启后的作用。

【教学目标】

（1）以平行四边形的初步认识和平行四边形与长方形的关系为基础，通过动手操作、观察和比较，理解平行四边形的面积公式的推导过程，掌握并学会运用面积公式解决实际问题。

（2）初步认识转化的方法，培养观察、分析、概括和动手能力，发展空间观念。

（3）在自主探究和合作交流中，体验学习数学知识、解决实际问题的乐趣。

【教学重难点】

理解平行四边形面积公式的推导过程，掌握并学会运用面积公式解决实际问题。

【教学准备】

多媒体课件、探究学历单、平行四边形模具。

【教学过程】

一、创设情境，引入课题

出示主题图，说说隐含的数学信息。

师：这是一所学校门口的平面图，请同学们仔细观察这幅图，你能找出哪些图形？（图略）

生：平行四边形。

师：平行四边形的草地。

生：长方形的草地……

师：在找出的这些图形中，咱们学过哪种图形的面积公式？

生：长方形。

师：那你能求出这块长方形草地的面积吗？

生：长×宽。

师：平行四边形的草地呢？

师：我们现在还不知道平行四边形的面积怎么计算，那能不能根据你的经验，大胆猜测一下？

生1：底×邻边。

师：这位同学大胆提出自己的猜想，我帮你记下来。还有不同的猜想吗？

生2：底×高。

师：到底谁的猜想对呢？这节课我们就来研究平行四边形的面积计算方法。

（板书：平行四边形的面积）

【设计意图】在本环节中，教师设计了学生非常熟悉的生活情境，激发了学生的学习热情，唤醒了学生原有的知识和经验，把长方形和正方形建立了联系，为本节课的重难点即探究平行四边形的面积公式做好了铺垫。

二、动手实验，验证猜想

师：为了便于研究，老师给你们提供了一个平行四边形以及各边的数据，底为 7 cm，高为 3 cm，邻边为 5 cm，根据你们不同的猜想，我们计算出它们的面积分别是 35 cm² 和 21 cm²。

师：那到底哪个猜想是正确的呢，现在以小组为单位，利用学具，选择任意一个猜想进行验证。验证时请组长分好工，看哪个组能安静有序、高效地完成验证。

小组合作，汇报交流。

师：哪个小组先来说一说，你们是怎么验证的，最后的结果是什么？

方法一：数方格。

组 1 汇报：我们借助面积小格，先数整格的，再数半格的，一共有 21 个 1 平方厘米的小正方形，所以平行四边形的面积是 21 平方厘米。

师：语言完整，表达清晰。

师：哪些小组用了同样的方法，请举手。好，哪些小组用了不同的方法？

方法二：转化。

组 2 汇报：我们小组用了剪拼的方法，把平行四边形沿着这条高（线）剪下来，拼成一个长方形。长是 7 厘米，宽是 3 厘米，这个长方形的面积是 21 cm²，所以平行四边形的面积就是 21 cm²，验证了"底×高"的猜想是正确的。

师：这个组的验证方法你们听懂了吗？还有疑问吗？

生或师问：第一个问题，怎么证明你剪拼后的图形是长方形？

生：沿着高剪，才能是直角，才能保证拼成长方形。

师：沿着高剪，保证了剪出的角是直角，也就保证了平行四边形转化成为长方形。

师：第二个问题，你怎么知道剪拼后长方形的面积就等于原来平行四边形的面积呢？

生：因为是剪下来移过去，只是改变形状，所以它们的面积是相等的。

师：形状变了，面积没变。

师：还有不同的剪拼方法吗？

生：我们沿着平行四边形的另一条高剪下来，拼到另一边，也可以拼成长方形。通过测量，我们知道这个长方形的长是 7 cm，宽是 3 cm，长方形的面积是 21 cm²，平行四边形的面积也是 21 cm²。所以，这个猜想是正确的。

师：老师这里有几种剪拼方法，大家一起看。（课件展示）

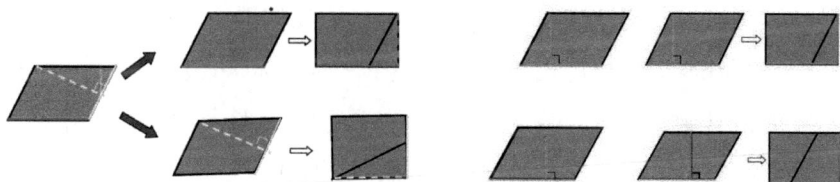

师：剪的时候有个共同点，沿着任意一条高都能把平行四边形剪拼成长方形。

师：移的时候也有个共同点，平移能更准确地把剪开的图形拼成一个长方形。

师：我发现同学们无论怎么剪，最终都是拼成长方形来计算平行四边形面积，为什么？

生：长方形的面积我们会计算。

师：在数学学习中，我们把新知转化成旧知，把没学过的转化为学过的，这种方法叫作转化。转化是我们在数学学习中非常重要的思想方法，同学们一定要学会并灵活运用它，让你的数学学习更简单有趣。

【设计意图】在本环节中，教师给学生提供了同一个平行四边形的卡片，同时提供了不同的学具，引领学生以小组合作的方式，对第一环节中学生提出的"底×邻边"和"底×高"两种猜想进行验证，培养学生验证、归纳和总结的数学核心素养。在验证过程中，师生互动、生生互动，提高了学生辩证思维核心能力；教师的追问、学生的思考，让学生在自主探究过程中揭示了数学的本质。因此，在小组合作自主探究过程中，学生提高了合作能力，增强了团队意识，为核心素养的发展奠定了基础。

三、归纳总结，导出公式

1.二次验证

师：刚才同学们用了数格子和剪拼的方法，都验证了我提供给你们的这个平行四边形的面积是"底×高"，那是不是所有平行四边形的面积都能用"底×高"来计算呢？让我们再次验证。

先请小组长拿出信封里的学具，一张平行四边形卡片，一张报告单，其中每个小组是不同形状的平行四边形卡片，在合作之前，让我们先来了解合作任务。（出示课件，略）

小组交流，合作汇报。

师：通过再次验证，你发现了什么？哪个小组来汇报？（带着平行四边形）

组1汇报：通过数据发现等量关系。

组2汇报：通过图形的内在关系发现等量关系。

2.推导公式

师：仔细观察表格中的数据，你有什么发现？（出示课件）

仔细观察表格中的数据你发现了什么？

组1

平行四边形	底	高	面积
	5	4	20
长方形	长	宽	面积
	5	4	20

组2

平行四边形	底	高	面积
	10	3	30
长方形	长	宽	面积
	10	3	30

组3

平行四边形	底	高	面积
	6	2	12
长方形	长	宽	面积
	6	2	12

组4

平行四边形	底	高	面积
	5	7	35
长方形	长	宽	面积
	5	7	35

组5

平行四边形	底	高	面积
	3	6	18
长方形	长	宽	面积
	3	6	18

组6

平行四边形	底	高	面积
	9	3	27
长方形	长	宽	面积
	9	3	27

生：长方形的长等于平行四边形的底；长方形的宽等于平行四边形的高；长方形的面积等于平行四边形的面积。

师：同学们观察得真仔细，思考很到位。根据大家的发现，你能说说平行四边形的面积到底怎样计算吗？

生：平行四边形的面积等于底×高。

师：你们都是这样认为的吗？

生：是。

师：刚才我们就像真正的数学家一样，经历了"猜想—动手实验—验证猜想—推导概括"这样一个过程，最终验证"平行四边形的面积=底×高"。这个猜想是正确的。

3.解决情境图的问题

师：现在你们能求出学校门口平行四边形草地的面积了吗？

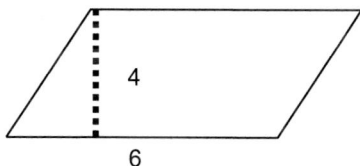

【设计意图】这个环节是在上一个环节的基础上，即学生探索出同一个平行四边形的面积公式后，教师追问：是不是所有的平行四边形的面积都等于底乘高呢？从而揭开了学生追求数学本质、进行二次验证的序幕。本次验证，教师给每组提供了不同形状的平行四边形，有了第一次的验证经验，学生直接选择了割补的方法。通过小组合作，学生从数据和图形的内在关系发现了等量关系，有效地提高了他们对数学本质的认知。从对具体数据的认知飞跃到对图形内在关系的认知，学生的数学思维得到了本质的提高，为其高阶思维培养奠定了良好的基础。

四、解决问题

师：同学们已经掌握了平行四边形面积的计算方法，接下来我们就运用它来解决生活中的实际问题。

问题1.求停车场里两个不同的平行四边形停车位的面积各是多少?

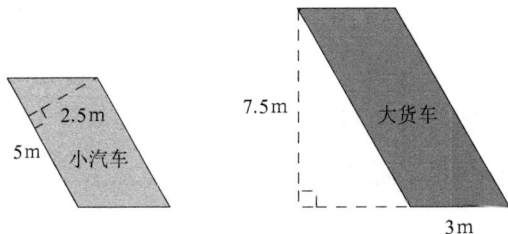

问题2.下面平行四边形的面积是（　　　）

A.30×25=750（平方米）

B.25×20=500 （平方米）

C.30×20=600 （平方米）

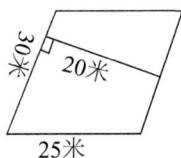

总结：计算平行四边形的面积时，底和高必须是相对应的。

问题3.在方格纸上画一个底是4，高是3的平行四边形。（出示课件）

展示学生画图作业。

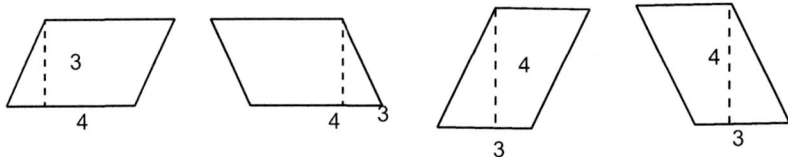

师：这四个平行四边形不一样，为什么面积会一样？

生：等底等高的平行四边形面积一定相等。

师：这句话反过来怎么说？

生：面积相等的平行四边形一定等底等高。

师：这句话对吗？（同桌讨论）

生：不对。面积为12的平行四边形，除了底为4、高为3之外，还可以底为6、高为2。

师：可见，数学是一门精确、严谨的学科，有些结论正着说是对的，反着说就不一定对。

【设计意图】本环节中，这样一组练习的设计不仅再次达成教学目标和教学重点，还体现了练习的层次性和拓展性。本环节应用新知解决生活实际问题，与教学第一环节——学校门口情境图相呼应，激活了学生思维的同时，引领学生体会到数学来源于生活，并且最终应用于生活，使学生真正领悟到学习数学的作用。

五、回顾整理

师：接下来，回顾一下这节课我们是怎样研究平行四边形的面积的。首先，我们进行了大胆的猜想。接下来，我们用数方格和转化的方法对猜想进行了验证。最后，我们得到了结论：平行四边形的面积=底×高。

【设计意图】课尾设计总结环节，培养学生归纳、整理、概括、总结的核心能力，同时引领学生对本课整体构建——梳理知识，反思学法，应用于生活，增强学习数学的信心。

师：看来同学们收获还真不少！不但总结了今日所学新知识，而且还掌握了一种新的学习方法——转化。希望大家在以后的学习中，充分利用我们学过的这些知识解决生活中的实际问题。

【教学反思】

本节课教师抓住数学的本质，挖掘隐藏在教学内容背后的数学思想方法，通过搭建问题串支架驱动学生主动进行深度思考，让学生感受数学的神奇和美好。本课还注重对学生核心素养的培养，尤其是转化思想，将未知转化成已经学习过的知识来研究平行四边形的面积，为今后探究其他图形的面积计算做铺垫。

（1）着力于学科本质的理解，注重知识间的相互勾连。数学教学重要的是让学生在学习过程中，掌握相应的数学思想和方法，培养能够用数学的眼光看待世界。所以，在教学中我们要把握数学本质，融入数学思想，突出数学思考，在"增知识""长见识""悟道理"的过程中，逐步发展学生的数学核心素养。

充分尊重学生的知识储备，从而准确定位本节课的教学目标：利用转化思想进行迁移类推，让学生经历"猜测—质疑—验证—分析"的探究过程。

本节课老师利用三个环节来渗透转化思想：

第一个环节：数小方格，感知转化。借助单位面积是 1 cm² 的小正方形方格板数出平行四边形的面积，让学生感受到平行四边形可以转化成多个1 cm²的小正方形，从而得出平行四边形的面积。

第二个环节：剪拼操作，运用转化。在研究平行四边形的面积时，引导学生沿着平行四边形的任意一条高剪开，拼成面积相等的长方形，因此，学生推导出了求平行四边形面积的计算方法。通过这个活动，学生体会到了转化就是将未知变成已知。

第三个环节：公式推导，还原转化。在上个环节中，学生已经得出了平行四边形面积公式，但是学生的认知是停在直观层面上的。将平行四边形转化成长方形后，它们的面积不变，但我们还要把长方形还原成平行四边形，找出前后两个图形之间的共同点，进一步理解长方形面积公式与平行四边形面积公式之间的内在联系。通过这样的还原转化，平行四边形面积公式推导水到渠成。每个环节的设计与处理，都可谓：随风潜入夜，润物细无声。总之，学生在实践活动中无时无刻不感受着转化思想的实用价值。

（2）着力于关键问题的确立，注重学生思维的纵深发展。数学课堂应该凸显思想的味道、思维的味道和思考的味道。所以，关键问题的确定至关重要，它能够有效地促进学生学习能力的形成。本节课搭建问题串支架，成功地将学生的思考引向深入，层层递进中发展学生的思维。

问题设计一：请同学们大胆地猜一猜，平行四边形的面积可以怎么求？课始让学生根据已有知识大胆猜测，充分尊重学生的知识储备，后续的教学也围绕学生猜测的结果进行验证，最终获得正确的结论。这种大胆质疑、勇于实践的精神将是学生今后面对生活时需要具备的品质之一。

问题设计二：请同学们想一想，把平行四边形转化成长方形的过程中，什么变了？什么没变？引导学生探求把平行四边形转化成长方形后，前后两个图形之间的联系是什么，找到求平行四边形面积的计算方法。通过分析"变"与"不变"，引导学生从面积和形状两个角度观察思考问题，感受几何图形中变与不变的微妙，经历发现问题、提出问题、分析问题和解决问题的过程。

问题设计三：同学们用数方格的方法准确数出平行四边形的面积，结果是 21 平方厘米。请同学们思考，用"底×高"计算的结果和数出来的结果是一样的，这是巧合，还是蕴含着一定的道理？那么道理何在？而邻边相乘这种方法一定存在问题，问题出在哪里呢？这一串问题的提出，对于学生来说是具有挑战性的。知其然，还要知其所以然。为什么平行四边形的面积可以用底乘高来计算？后面教师利用活动的平行四边形框架演示，帮助学生清楚地理解了邻边相乘算出的是平行四边形拉成长方形的面积，因为高发生了变化，所以面积也发生了变化。这种对比学习，加深了学生对新知识的记忆，也充分锻炼和提升了学生的思辨能力和质疑能力。

教师精准设立的问题拓展了学生的思维广度，提高了学生的思考深度。学生在剪一剪、拼一拼、画一画的活动中积累基本活动经验，在小组合作、汇报交流中互相质疑和补充。因而，学生的思维在有效的学习中不断碰撞，达到深度学习。

教学案例二：《折线统计图》

【教学内容】

青岛版《义务教育教科书（五·四学制）·数学》四年级下册第114—115页。

【教材分析】

学生已经掌握了收集、整理、描述、分析数据的基本方法，会用统计表和条形统计图来表示统计结果，并能根据统计图表解决简单的实际问题，在此基础上，本节课学习一种新的统计图——折线统计图。教材先用条形统计图表示出数据，再将这些数据用折线统计图表示出来，一方面加强了两者之间的联系，另一方面又凸显了折线统计图的特点。

本单元精心选取了富有现实意义的生活素材，让统计知识与生活紧密联系起来，这样不仅扩大了学生处理信息的范围，增强了数学与生活的联系，同时使学生充分认识、体会到统计知识的作用。教材在学生学习绘制统计图之后，一方面，让学生根据统计图解决有关问题，为学生发现问题、提出问题及解决问题提供了较大的空间；另一方面，让学生感悟由于数据变化带来的启示，并能合理地进行推理与判断，提高数据分析能力。同时，教材还提供了大量的实践性调查与问题解决。本节课的学习可帮助学生积累数学活动经验，更好地了解统计在现实生活中的意义和作用，有效培养数据意识。

【教学目标】

（1）初步认识单式折线统计图，会制作折线统计图。

（2）经历数据的整理、分析与表示的过程，能根据提供的数据在方格图中有条理地绘制单式折线统计图。

（3）会读单式折线统计图，能对图中的信息进行简单的分析，能初步进行合理判断和预测，增强数据分析观念。

（4）初步感受在具体情境中选择不同的统计图整理数据的优势，能根据需要表示统计结果，体会统计的现实意义和价值。

【教学重难点】

理解折线统计图中点和线的作用；能根据数据的特点和统计的需要选择合适的统计图。

【教学准备】

多媒体课件、空白的统计图。

【教学过程】

一、创设情境，引入新课

师：同学们喜欢看《最强大脑》这个节目吗？羡慕里面的冠军吗？今天我们就来一场"最强大脑大比拼"，看看谁能成为咱们班的冠军。同学们准备好了吗？现在进入"第一关"。

师：请你认真观察屏幕上"某景区2013—2018年游客数量统计表"，3秒后回答问题。（课件出示统计表，3秒后数据消失）

某景区2013—2018年游客数量统计表

2020年11月

年份	2013	2014	2015	2016	2017	2018
数量（万人）	30	26	37	44	44	60

某景区2013—2018年游客数量统计表

2020年11月

年份	2013	2014	2015	2016	2017	2018
数量（万人）						

哪一年的游客数量最多？
哪一年的游客数量最少？

师：现在谁来说一说，哪一年游客数量最多？哪一年游客数量最少？

此时学生面露难色。

师（随机找一学生）：采访一下你，为什么回答不出来？

生：时间太短没记住数据。

师：奥，看来时间太短，我们不能一眼从统计表中看出哪一年游客数量最多，哪一年游客数量最少。想一想，用什么形式呈现这组数据可以解决这个问题？

生：可以用条形统计图。

师：其他同学同意吗？

生（众）：同意。

师：好，我们就把它制成条形统计图。现在进入"第二关"。请你仔细观察3秒后回答问题。（课件出示，3秒后条形统计图消失）

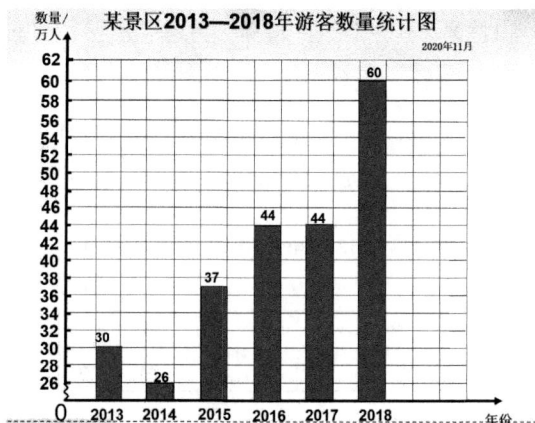

某景区2013—2018年游客数量统计图

某景区2013—2018年游客数量统计图

相邻的哪两年游客数量增加最少？
哪两年游客数量增加最多？

师：现在谁来说一说，相邻的哪两年游客数量增加最少？哪两年游客数量增加最多？

多数学生还是回答不出来。

师：怎么了？又碰到什么困难了？

生：时间还是太短。

师：看来条形统计图已经不能快速解决刚才的问题了，那用什么方法呈现这组数据，可以一眼看出游客数量的增减变化呢？

师：我知道有的同学已经有了自己的想法，我为每个小组准备了两张统计图和彩笔、直尺，请你们小组合作。请同学们听清要求：先在组内说一说自己的想法，形成统一意见后，再动手制作。可以在条形统计图上修改，也可以在空白统计图上创作。比一比，看一看，哪个小组的作品能让大家一眼看出游客数量的增减变化。（出示课件）

某景区2013—2018年游客数量统计表
2020年11月

年份	2013	2014	2015	2016	2017	2018
数量（万人）	30	26	37	44	44	60

要求：
1.先在组内说一说自己的想法，形成统一意见后，再动手制作。
2.可以在条形统计图上修改，也可以在空白统计图上创作。
3.比一比看一看，哪个小组的作品能让大家一眼看出游客数量的增减变化。

【设计意图】巧妙设计限时的方法，让学生解决哪一年最多、哪一年最少以及从哪一年到哪一年游客数量增减变化的问题，有效打通了折线统计图与以往学过的统计表、统计图之间的联系，借助实际问题让学生感受到用以前学过的统计表和统计图表示数据的局限性，从而产生学习新的统计图的必要性。

二、合作探究，学习新知

1.作品展示

师：大家都做得比较好，老师选取了两份比较有代表性的作品，我们一起来欣赏一下。先看第一小组的，让他们来讲一讲他们是怎么做的，为什么这么做。

组1汇报：

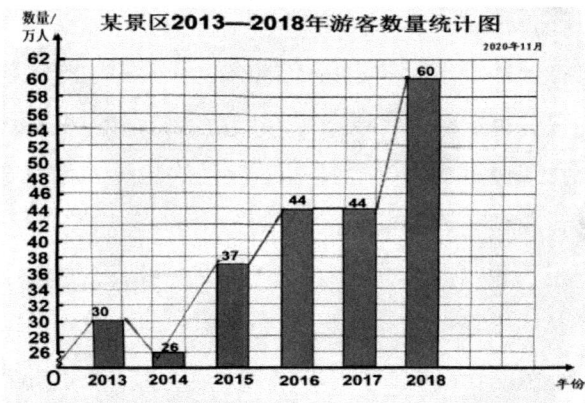

生：我们小组是用线条表示出了每年游客的增加量和减少量，线向上表示游客数量增加了，线向下表示游客数量减少了。

师：他们小组是用线把直条连起来，通过线的方向来表示游客数量的增减变化。有没有小组和他们的表示方法一样？请举手。

组2汇报：

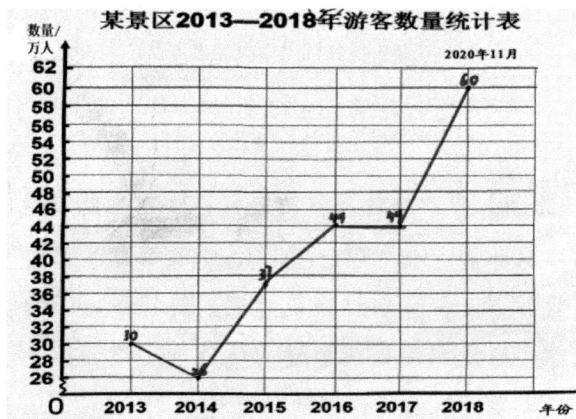

生：我们小组是用点表示游客的数量，在点处写上数据，再用线把这些点连起来，线向上表示游客数量增加了，线向下表示游客数量减少了，线水平表示游客数量不变。

师：他们组进行了重新创作，用了一种新的形式呈现这组数据，把原来的一个一个的小直条变成了一个一个的小圆点，再用线把这些点连接起来，也是根据线的方向判断游客数量的增减变化。哪个小组也是这样的方法？（生举手）

2.作品比较

师：（边说边给两幅作品标上1号和2号）咱们这两种形式都很好，一个是直接连直条，一个是直条变点，再连接点，虽然形式不同，但是都能通过线的方向一眼看出游客数量的增减变化。请同学们再来认真观察和比较一下这两幅作品，哪种形式能让我们更清楚、更简单、更一目了然地看出游客数量的增减变化呢？

生静静地思考。

师：选择2号作品的请举手。老师看到大部分学生选择了2号作品。谁能来说说选择2号作品的原因？

生：2号把直条变成了点，这样比1号看着更清楚更简洁。

师：看来大家选择2号是因为用点代替直条，更容易凸显线的变化趋势，对吗？

生：对。

师：其实2号作品就是我们数学上的折线统计图。（板书课题：折线统计图）这节课我们就一起来研究折线统计图。

3.制作折线统计图

师：如果现在让你们做一份这样的折线统计图，能完成吗？

生：能。

师：在制作之前，请思考先要干什么，再干什么。好，请各小组开始吧。比一比看哪个小组做得又好又快！

留给学生5分钟时间。

师：折线统计图大家都完成了，我们先来欣赏一下这几个小组的作品。（出示课件，略）老师请做得最快的小组来介绍他们制作折线统计图的步骤。

生：我们首先找到一些点，再用线把这些点连起来，折线统计图就做好了。

师：能具体介绍一下怎么找的这些点吗？

生：我们根据统计表中的数据，知道 2013 年游客数量是 30 万人，于是在纵轴上找到 30，在横轴上找到 2013，分别向右向上画线，交叉点就是要找的点，画个实心点，写上 30，后面的点都这样找出来。

师：你们也是这样做的吗？

生：是。

师：第一步怎么做？

生：找点，描出来。（板书：描点）

师：第二步呢？

生：连线。（板书：连线）

师：（边演示课件边解说）现在我想请大家按照这位同学说的也来做一幅折线统计图，描点时先从横轴找到年份，再从纵轴找到对应的数量，在两线交叉处描点。为了清楚地看出这个点所表示的数量，我们标上数字，后面各年份的点按照这样的方法依次完成。最后为了更好地表示数量的增减变化，我们再用线段把这些点顺次连接起来，折线统计图就完成了。

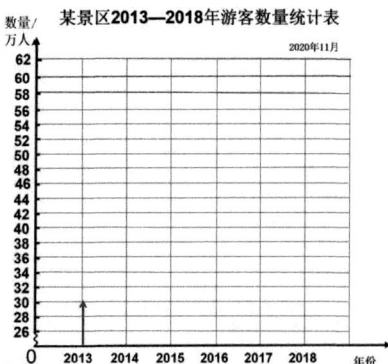

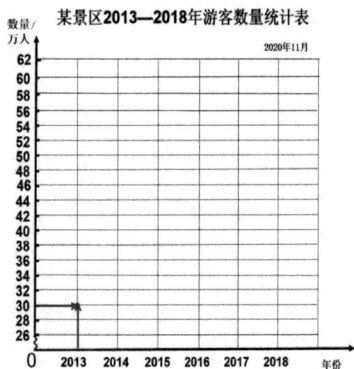

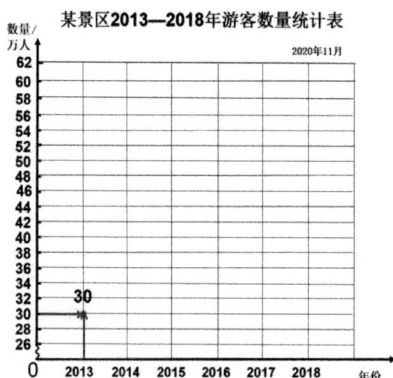

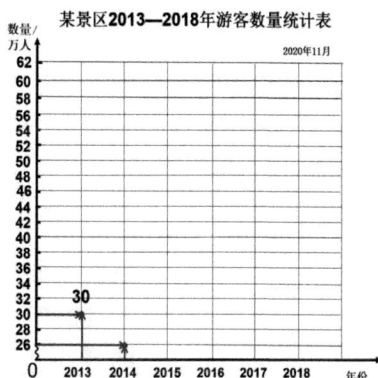

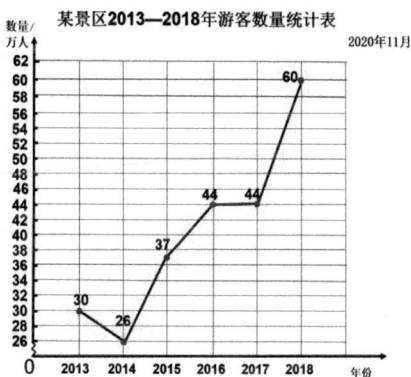

4.研究点和线的意义

师：结合刚才的制图过程，想一想，折线统计图主要由什么组成？

生：我认为折线统计图主要由点和线组成。

师：别小看这一个小小的点，一条短短的线，它们隐藏着非常重要的信息。下面就请同学们借助手中的折线统计图来研究一下点表示什么？线又表示什么？不同的线又代表什么意思？

留给学生5分钟时间思考。

师：哪个小组来汇报一下你们的研究结果？咱们先从"点"开始交流。

生：折线统计图上的点表示各年份游客的数量。

师：（指着高低不同的两个点问学生）这两个点有什么区别？

生：上面的这个点高，表示数量多，下面的这个点低，表示数量少。

师：说得真好。我把他们组的发现记录下来。点可以表示数量的多少，点高表示数量多，点低表示数量少。（板书：点：数量多少）

师：点的信息我们研究完了，现在让我们把目光聚集到这些线上。谁来汇报？

生：我发现这些线有的向上，有的向下，向上的表示数量增多，往下的表示数量减少。

师：这位同学研究了线的"方向"。

师：还有不同的发现吗？

生：我还发现往上的线有的又长又陡，比如这几条，说明增加得多，2017年到2018年游客增加最多；又短又缓的线，表示增加得少，2015年到2016年游客增加的最少。

师：他是从哪个角度来研究了线的变化，从而看出了游客数量的增减变化？

生1：线的长短。

生2：还有线的陡缓程度，即线的倾斜角度。

师：对呀，同学们非常厉害，从线的方向、长短和倾斜角度都能看出数量的增减变化。下面通过课件具体看看。（动态播放课件）

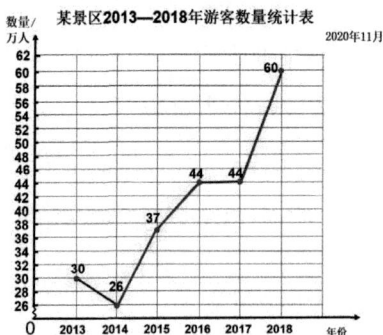

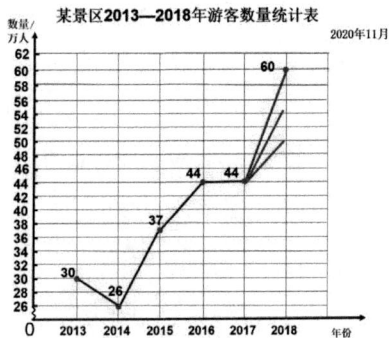

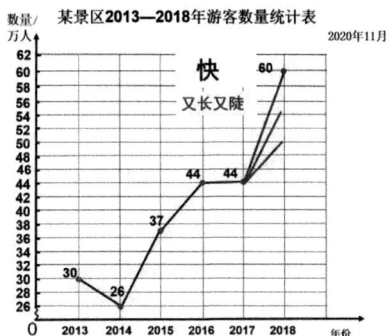

师：请看这三条向上的线，我们把他们放在一起比一比，又长又陡的线表示增加得快，又短又缓的线表示增加得慢。

师：同学们真了不起，通过刚才的观察和交流，我们发现可以根据线的方向、长短、倾斜角度来判断这组数量的增减变化。如果一条线向上表示什么？

生：增加。

师：向下表示什么？

生：减少。

师：平平的呢？

生：不变。

师：如果一条向上的线又长又陡表示什么？

生：增加得快。

师：又短又缓表示什么？

生：增加得慢。

师：向上增加，你知道怎么回事了，如果向下，也是这样理解吗？

生：是。

师：咱们试一试。上周气温还可以吧，这周气温呢？

生：好冷。

师：如果让你用一条线表示这种断崖式的降温，会制图吗？请

你用手势快速表示一下。(生手指快速下滑)

师：这是一条什么样的线？

生：向下的又长又陡的线。

师：看来同学们对于折线统计图中线的意义掌握住了。

5.研究折线统计图的整体变化趋势

师：刚才我们分段研究了折线统计图中的线，现在请你把眼光放到整个折线统计图中，看看能不能回答下面这个问题，并说出你的依据。

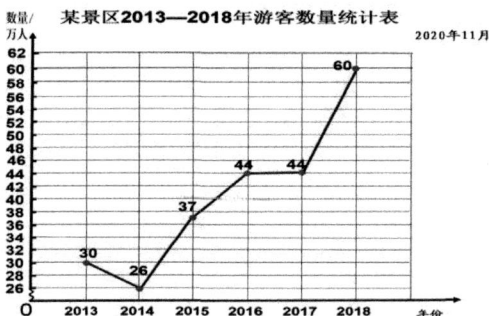

预测：2019年游客数量可能是多少？

生：我预测2019年游客数量肯定会比2018年高，因为从2013年到2018年，游客数量一直在呈上升趋势(除2014年)。

师：这位同学的依据是折线统计图的整体变化趋势，虽然有的年份游客数量在减少，有的年份游客数量不变，但从整体上看是呈上升的发展趋势。所以，他预测2019年游客数量会增加。

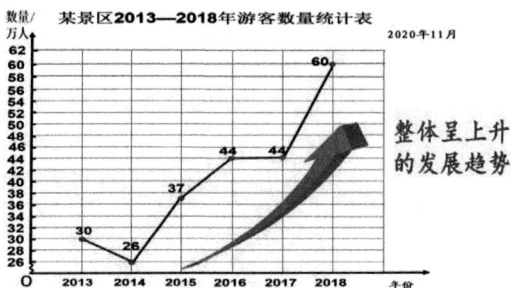

预测：2019年游客数量可能是多少？

师：现在伸出你的小手，一起感受一下上升的趋势。（师生一起用手指根据线的起伏变化体会整体变化趋势）

师：看来还可以根据折线统计图的变化趋势来进行预测和判断，以便于更好地了解我们的工作和生活。

【设计意图】折线统计图的生长点是条形统计图，教师紧紧抓住这一新知的生长点，采用大问题、大空间的方式，让学生借助原有知识经验与生活经验，自主创作折线统计图，充分经历从条形统计图到折线统计图的创作过程，感知条形统计图和折线统计图的联系。在本环节中，从创作折线统计图到研究折线统计图中点和线的意义、折线统计图的整体变化趋势，教师都搭建了问题串支架，通过问题驱动，层层深入，引导学生自主探索，从而在观察、比较、分析中发现折线统计图的特点，完成折线统计图知识的建构。

6.比较优势

师：（播放课件）一组数据可以用条形统计图表示，也可以用折线统计图表示，比一比这两种统计图各自的特点是什么？

各自的特点？

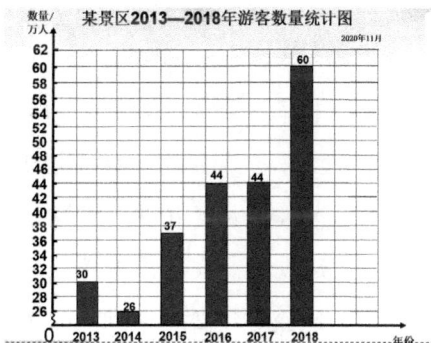

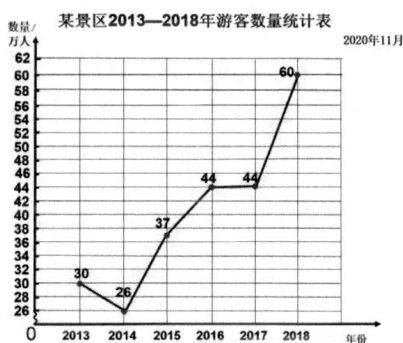

生1：都可以清楚地表示出游客的数量。

生2：虽然都能清楚地表示游客的数量，但是折线统计图还能表示数量的变化趋势。

师：条形统计图可以清楚地表示数量的多少，折线统计图不仅可以表示数量的多少，还可以通过数量的增减变化看到发展趋势。

各自的特点？

发展趋势

增减变化

数量多少

数量多少

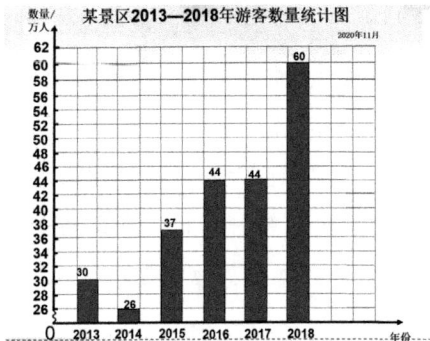

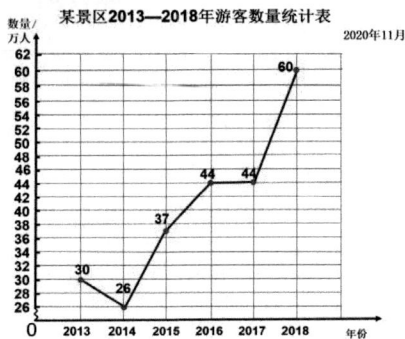

师：不同的呈现方式，突出的重点也不同。一组数据，要想清楚地知道数量的多少，应选择什么统计图？

生：条形统计图。

师：如果选择的是折线统计图，想让大家看到什么？

生：变化趋势。

【设计意图】怎样选择合适的统计图？很多老师认为：离散数据用条形统计图比较合适，连续数据用折线统计图比较合适。但这一有着明显"数学味道"的标准，在统计中并没有这个规定。因为统计学是应用数学，无论是连续数据还是离散数据，都可以选用折线统计图表示。所以，此处教师没有让学生辨析统计图谁优谁劣，而是让学生明晰根据统计图的特点可以灵活应用。同时，让学生体会选择统计图的关键在于你统计了什么，分析了什么，想让大家看到什么，一切皆因需要。

三、呈现问题，知识应用

师：现在有这样一组数据，请大家来选一选。你想让大家看到什么？你想用什么统计图呈现？

说一说　你想让大家看到什么？

选一选　你选用什么统计图呈现数据？

全球平均气温情况统计表

2020年11月

年份	1910	1930	1950	1970	1990	2010
气温（℃）	13.6	13.5	13.7	13.7	14.1	14.7

生：我想让大家看到全球气温的变化趋势，所以选择折线统计图。

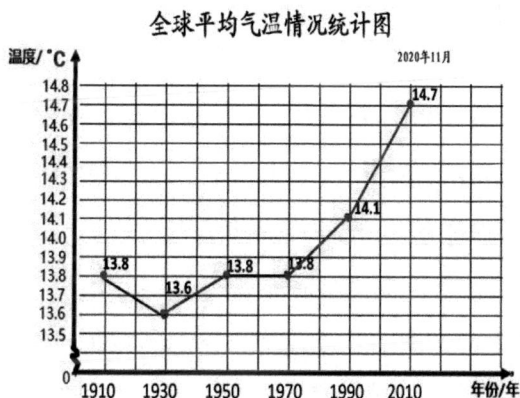

全球平均气温情况统计图

生：我想知道每年的气温，所以我选择条形统计图。

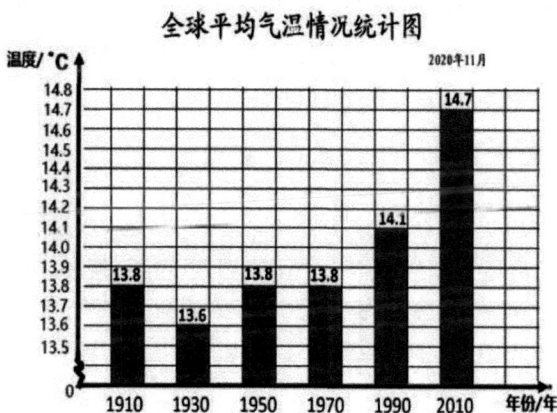

全球平均气温情况统计图

师：看来大家都会根据自己的需要选择统计图。其实，数据在不同的图上是会开口说话的，关键就看你需要什么，你想告诉大家什么。

师：下面请大家来看下面的折线统计图，并回答问题。

全球平均气温情况统计图

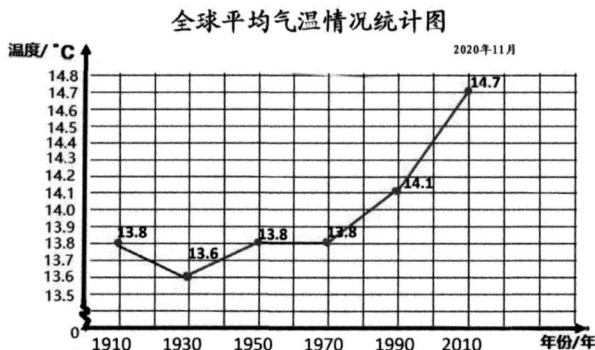

1.从折线统计图中你能看出气温呈怎样的变化趋势吗？

2.预计到2030年，全球平均气温会怎样变化？

3.面对未来，我们能做些什么？

学生自由发言，讨论交流。

师：同学们，图中只是我们根据这些数据进行的初步预测，科学家们进行预测的时候会考虑很多因素。英国著名物理学家霍金经过大量的数据分析和科学实验发布了预言：因为人口增多、能源过度使用、环境的破坏，地球正在变暖，预计2600年地球就会成为一个大火球。数据蕴涵的信息为我们敲响了警钟，要引起全人类的重视！可见，数据的变化关乎人类的未来！

【设计意图】本环节以全球气温变化为背景，让学生通过选择不同的统计图进一步感受折线统计图和条形统计图的特点，同时借助这一素材对学生进行环保教育。介绍霍金的研究，意在让学生了解科学家是经过大量的数据分析和科学实验，在更复杂的背景和更多的数据研究中得出结论的，从而培养学生的理性思维和严谨的品质。

四、梳理总结，形成系统

师：学习需要及时回顾、梳理和总结，才能让我们的学习真实地发生。下面一起回想一下，这节课我们是怎么研究折线统计图的。

结合课件，总结回顾，认识数形结合数学思想。

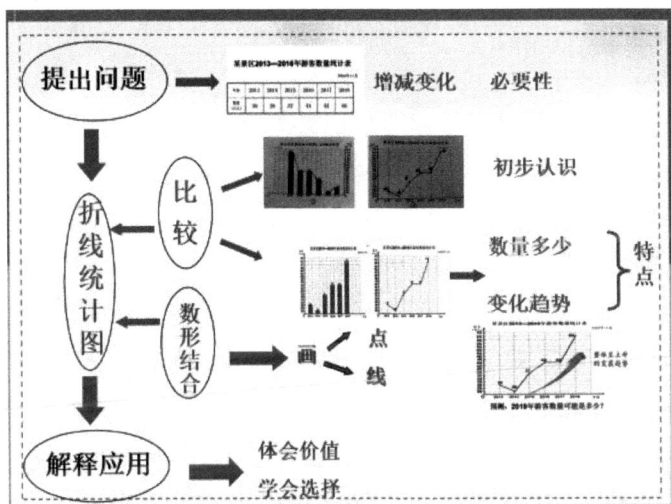

师：回想一下，我们还学过哪些统计知识？

师：我们在低年级先学习了收集整理数据，为了更简洁地表示数据，又学习了统计表，为了能一眼看出数据数量的多少，还学习了条形统计图。今天，我们需要更直观地看到数据的增减变化情况，就又认识了折线统计图。这些知识都是统计"大家庭"中的一员，后面我们还会学到更多统计学的知识，统计学也会继续为我们的生活服务。

【设计意图】用联系和整体的眼光引导学生学习，及时把所学的统计知识纳入统计系统，帮助学生形成知识网络。

【教学反思】

折线统计图这部分知识，是在学生学习了统计表和条形统计图的基础之上进行教学的。这节课无论是基础知识、基本技能、基本思想和基本活动经验等方面的教学目标达成都十分到位。学生通过对本节课的学习进一步强化了数据意识，从中感受到了统计的作用、统计的目的、统计的方法和统计的魅力。本节课体现了以下几个特点：

（1）巧设矛盾冲突，体会学习新知的必要性。教师通过巧妙设计限时解决问题的活动，让学生充分体会到学习新知的必要性。同时，提供条形统计图和空白统计图的活动，又为学生提供了较大的探究空间，变被动的按要求操作活动为主动发现问题、解决问题的探究活动。

（2）搭建问题串支架，在层层深入中，理解折线统计图的本质特征和价值作用。教师在三个环节中搭建问题串支架，第一次是完成作品进行展示活动时，第二次是研究折线统计图中点和线的意义时，第三次是选择合适的统计图呈现数据时。三次问题串支架的搭建，让学生在探究活动中逐步完成对折线统计图的自主建构，体会到了折线统计图的特点。

（3）抓住核心教学资源，凸显了统计教学的本质。统计的核心是数据意识。教学中，教师几次引导学生经历抓住读图—发现信息—提出问题—解决问题—作出预测—进行解释—发表建议的过程，有效地发展了学生的数据分析观念，凸显了统计知识的教学本质。

（4）突出数学知识源于生活又服务于生活的理念。在整个教学过程中，注重紧密联系学生的生活实际，从学生的生活经验和已有的知识体验出发，创设生动的生活情境，引发数学问题，让学生感受到数学的作用，体验到了学习数学的无穷魅力。

五、范例式支架及教学案例

范例式支架是指以老师和学生共同学习的一个过程为范例，然后在同类型知识的学习中让学生进行自主学习和运用。搭建范例式支架，可让学生经历由"扶"到"放"的学习过程，有助于培养学生的模型意识。

教学案例一：《交换律》

【教学内容】

青岛版《义务教育教科书（五·四学制）·数学》四年级上册第94—96页。

【教材分析】

"交换律"是青岛版数学教材四年级上册的内容，是学生第一次正面接触运算定律，是在学生掌握了四则运算和混合运算顺序的基础上进行教学的，有利于学生更好地理解运算，掌握运算技巧，提高计算能力。教材是这样安排的：加法交换律→加法结合律→乘法交换律→乘法结合律→乘法分配律。运算定律的知识相对集中，便于学生感悟知识之间的内在联系与区别，有利于学生形成比较完整的认知结构。

对于加法交换律，学生并不陌生，从一年级开始学生就在加法的计算和验算中接触过这方面的知识，有较多感性的认识，这是学习加法交换律的基础。这些具体经验是学生学习本节内容的认知基础。通过前测，对于加法交换律学生理解起来非常轻松，问题是学习交换律有什么用？当学生知道加法有交换律时，很快就去猜想减法、乘法、除法中是否有交换律。根据学生的学习需求，本课教学设计将加法交换律和乘法交换律放到同一节，对教材相关知识进行整合。

【教学目标】

（1）经历加法交换律和乘法交换律的探索过程，会用字母表示加法交换律和乘法交换律，培养发现问题和提出问题的能力，积累数学活动经验。

（2）通过列举生活实例和建立数学模型，解释加法交换律和乘法交换律的过程，认识运算律丰富的现实背景，了解加法交换律和乘法交换律的实质和用途，发展应用意识。

（3）通过观察、合作、自主探索等活动，提高数学语言表达能力和探索兴趣，培养小组合作的策略和意识。

【教学重难点】

经历加法交换律和乘法交换律的探索过程，会用字母表示加法交换律和乘法交换律。

【教学准备】

多媒体课件、学历单。

【教学过程】

一、探索研究方法，发现规律

1.复习旧知，提出猜想

师：（出示课件）请你仔细观察下面这些算式，看看能发现什么？

请你仔细观察下面这些算式，你发现了什么？

2+3=5   3+2= 5

4+5=9   5+4= 9

7+6=13   6+7=13

生1：我发现同一行算式的和都相等。

生2：我还发现同一行相加的两个数都一样，只是位置交换了一下。

生3：老师，我可以把他们两个人的发现合成一句话：两个数相加，交换它们的位置，和不变。

师：同学们真是善于观察，确实如此。两个数相加，交换它们的位置，和不变。（出示课件）

请你仔细观察下面这些算式，你发现了什么？

2+3=5   3+2= 5

4+5=9   5+4= 9

7+6=13   6+7=13

发现 两个数相加，交换加数的位置，和不变

师：既然每组算式的和相等，我们就可以用"="把它们连接起来，表示这两个算式的得数相等。在数学上，我们把它叫作等式。（出示课件）

请你仔细观察下面这些算式，你发现了什么？

2+3=5   3+2=5 ➡ 2+3 = 3+2

4+5=9   5+4=9 ➡ 4+5 = 5+4

7+6=13 6+7=13 ➡ 7+6 = 6+7

等式

发现 两个数相加，交换加数的位置，和不变

师：刚才我们通过观察三组加法等式，发现"两个数相加，交换加数的位置，和不变"这样的规律，那是不是任意两个数相加，只要交换它们的位置，和都会不变呢？你能确定吗？（出示课件）

请你仔细观察下面这些算式，你发现了什么？

2+3=5   3+2=5 ➡ 2+3 = 3+2

4+5=9   5+4=9 ➡ 4+5 = 5+4

7+6=13 6+7=13 ➡ 7+6 = 6+7

等式

猜想 任意 两个数相加，交换加数的位置，和不变？

生（摇头）：不能。

师：既然不能确定，那么这个规律我们只能称之为"猜想"。要想知道我们的猜想对不对，需要怎么做？（出示课件）

生：验证。

请你仔细观察下面这些算式，你发现了什么？

2+3=5   3+2=5 ➡ 2+3 = 3+2

4+5=9   5+4=9 ➡ 4+5 = 5+4

7+6=13 6+7=13 ➡ 7+6 = 6+7

等式

猜想 任意 两个数相加，交换加数的位置，和不变？
验证

【设计意图】学生从一年级初学加法时就知道"一图两式"和

"一图四式"的道理，而且在加法验算时也接触过，经过三年的学习，已经积累了大量的利用加法意义解决问题的感性经验，所以本环节的学习非常顺畅。但是小学数学不仅应该关注"是什么"和"怎样做"，还应该引导学生去猜想和探究"为什么"和"为什么这样做"。

2.选择策略，合理验证

师：怎样验证我们的猜想是否正确呢？

生：可以举例子。

师：好，那我们就来举例验证。请同学们看活动要求。

（出示课件）

验证

活动要求：

请同学们每人举两个例子，先计算结果，再验证两边是否相等，数字大的可以使用计算器，然后同位交换，检查例子是否正确。看谁完成得又对又快！

师：哪些同学来分享一下你们的例子？

生1：
$$\underset{50}{15+35} = \underset{50}{35+15}$$
$$\underset{100}{25+75} = \underset{100}{75+25}$$

生2：
$$\underset{90}{50+40} = \underset{90}{40+50}$$
$$\underset{80}{30+50} = \underset{80}{50+30}$$

生3：
$$\underset{16}{15+1} = \underset{16}{1+15}$$
$$\underset{18}{6+12} = \underset{18}{12+6}$$

生4:
$$300+50 = 50+300$$
（350 350）
$$31+16 = 16+31$$
（47 47）

师：这些同学的例子举得非常好，有反例吗？（生摇头）

师：那现在我们是不是可以说我们的猜想是正确的？

生：可以。

师：除了用举例子的方法来验证，我们再来找找加法交换的原理是什么。下面请大家看一段动画，看看对你有什么启发。（课件动态演示）

生：我明白了，不管怎么交换都表示9个一，总量不变。

师：对呀，虽然交换了位置，但是总量是不变的，所以和不变。

师：现在我们就把刚才的猜想变成结论，记下来。大家一起说，老师来写。（师板书）

师：同学们发现的这个规律是一个非常重要的规律，叫作加法交换律。大家一起来读一读我们自己探究出来的规律吧。

结论

两个数相加，交换加数的位置，和不变。
这叫作加法交换律。

【设计意图】运算律的教学中，一般采用不完全归纳法，即通过多个算式发现存在的共同规律，继而用字母抽象表示出各个运算律的表达式。本节课力图给发现的规律寻找可以解释的依据。基于这样的思考，在学生初步探索规律后，教师设计了一个问题："这样的现象是巧合，还是客观存在的事实？你能用学到的知识去解释这样的现象吗？"像这样努力给予规律科学合理的解释，是研究者应持有的科学态度，也是让学生学会有理有据地思考问题。

3.字母表示，抽象概括

师：刚才我们是用文字表示的加法交换律，现在请你用你喜欢的方式表示加法交换律，看谁表示得既简单又能让人一眼看懂。

生1：$\square + \triangle = \triangle + \square$

生2：$A + B = B + A$

生3：$\bigcirc + \triangle = \triangle + \bigcirc$

生4：$\stackrel{\wedge}{\Rightarrow} + \square = \square + \stackrel{\wedge}{\Rightarrow}$

生5：$a + b = b + c$

……

师：同学们表示得都非常好，有的用字母，有的用图形符号，请大家比较一下哪种方式表示加法交换律更简洁？

生：字母。

师：是呀，长长的一段文字可以用一组带符号或者字母的等式表示，这就是数学的简洁美。

师：数学上通常用小写字母 a 和 b 分别表示两个加数，加法交换律就可以写成：$a + b = b + a$。

【设计意图】在精心组织的一系列教学活动中，教师带领学生经历了从现象到本质的探究过程，让学生知道"怎样思维"，感悟到数学研究的一般方法。同时，在探索规律的过程中，渗透变与不变和归纳猜想的数学思想方法。

4.加法交换律的应用

师：同学们，想一想我们以前在学习什么知识的时候用过加法交换律？

生：加法验算的时候要把两个加数交换位置再算一遍，就是用了加法交换律。

师：对呀。不仅是在加法验算的时候用到了加法交换律，其实在一年级就接触过加法交换律，我们一起来看看。（出示课件）

一年级就接触过加法交换律

$3+2=5$　　$5+1=\square$　　🍎$+$🍅$=7$
$2+3=\square$　　$1+5=\square$　　🍅$+$🍎$=\square$

加法的验算：

$$\begin{array}{r} 87 \\ +\ 15 \\ \hline 102 \end{array} \qquad 验算：\begin{array}{r} 15 \\ +\ 87 \\ \hline 102 \end{array}$$

5.总结方法，搭建支架

师：同学们，刚才我们通过自己的努力探究了加法交换律，现在大家回想一下，我们经历了一个怎样的探究过程？

生：我们先是观察了算式，然后提出了猜想，再接着进行了验证，最后猜想变成结论并写下来。（结合学生的回答，课件动态演示）

师：同学们说得特别好，"观察—猜想—验证—结论"是一种非常重要的研究问题的方法。

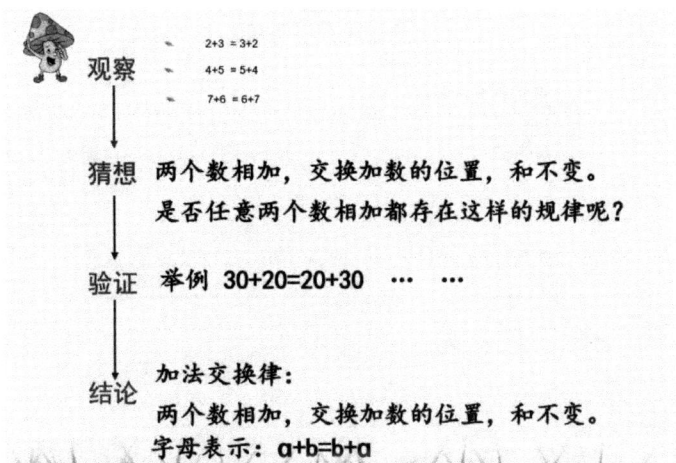

【设计意图】 通过回顾加法交换律的研究过程，为学生积累经验，同时搭建好解决同类问题的范例式支架，为学生自主探究乘法交换律做好准备。

二、迁移类推，解决问题

师：我们已经成功地探究出了加法交换律，除了加法我们还学过哪些运算？

生：减法、乘法和除法。

师：那这些运算满足交换律吗？（待学生思考几秒后）我们先从乘法探究开始。请大家看合作要求。（出示课件）

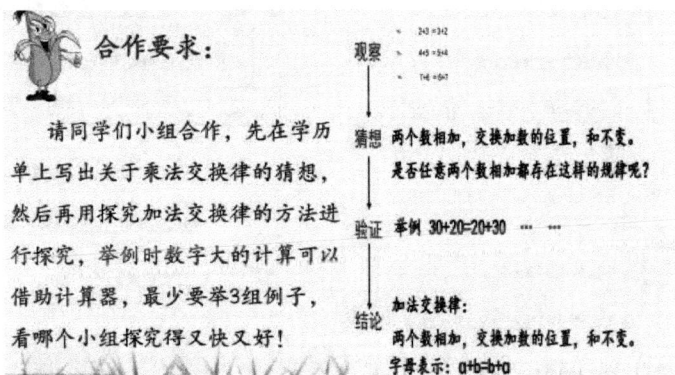

小组探究学历单

我的探究过程：

猜　想：＿＿＿＿＿＿＿＿＿＿＿＿＿＿＿

＿＿＿＿＿＿＿＿＿＿＿＿＿＿＿＿＿＿＿

＿＿＿＿＿＿＿＿＿＿＿＿＿＿＿＿＿＿＿

＿＿＿＿＿＿＿＿＿＿＿＿＿＿＿＿＿＿＿

＿＿＿＿＿＿＿＿＿＿＿＿＿＿＿＿＿＿＿

字母表示：＿＿＿＿＿＿＿＿＿＿＿＿＿＿

师：哪个小组想来展示一下你们的探究成果？

小组代表根据学历单上的探究过程汇报结果。

组1：

小组探究学历单

我的探究过程：

猜　想：乘法也有交换律；

两个因数相乘，交换因数的位置，积不变。

验证

$$30 \quad 30 \qquad 600 \quad 600$$
$$15 \times 2 = 2 \times 15 \qquad 20 \times 30 = 30 \times 20$$

$$18 \quad 18 \qquad 20 \quad 20$$
$$9 \times 2 = 2 \times 9 \qquad 4 \times 5 = 5 \times 4$$

$$72 \quad 72 \qquad 63 \quad 63$$
$$9 \times 8 = 8 \times 9 \qquad 9 \times 7 = 7 \times 9$$

结论：有乘法交换律；

两个因数相乘，交换因数的位置，积不变。

字母表示：$a \times b = b \times a$

组2：

小组探究学历单

我的探究过程：

猜　想：加法有交换律，乘法也有交换律。

两个数相乘，交换因数的位置积不变。

验证

$$806 \quad 806 \qquad 4030 \quad 4030$$
$$26 \times 31 = 31 \times 26 \qquad 65 \times 62 = 62 \times 65$$

$$1140 \quad 1140 \qquad 8170 \quad 8170$$
$$95 \times 12 = 12 \times 95 \qquad 95 \times 86 = 86 \times 95$$

乘法交换律：两个数相乘，交换

结论：因数的位置，积不变。

$$a \times b = b \times a$$

字母表示：＿＿＿＿＿＿＿＿＿＿＿＿

组3：

小组探究学历单

我的探究过程：

猜想：两个数相乘，交换因数的位置积不变。
是否任意两个因数相乘都存在规律呢？

验证：
$$39 \times 40 = 40 \times 39$$ (1560, 1560)
$$130 \times 49 = 49 \times 130$$ (6370, 6370)
$$150 \times 59 = 59 \times 150$$ (8850, 8850)

结论：乘法交换律两个数相乘，交换因数的位置积不变。

字母表示：$a \times b = b \times a$

组4：

小组探究学历单

我的探究过程：

猜想：两个因数相乘，两个因数交换位置，积不变。是否两个任意的数相乘，积不变。

验证：举例：$100 \times 99 = 99 \times 100$ (9900, 9900)、$89 \times 2 = 2 \times 89$ (178, 178)、$38 \times 65 = 65 \times 38$ (2470, 2470) ……

结论：两个因数相乘，两个因数交换位置，积不变。

字母表示：$a \times b = b \times a$

师：其他的小组有不同的意见吗？（没有学生举手）

师：看来乘法是有交换律的，同学们不仅自己能根据加法交换律提出乘法交换律的猜想，经过验证得到乘法交换律，还会用小写字母a和b表示两个因数，乘法交换律用字母表示就是$a \times b = b \times a$。真的是非常厉害！

【设计意图】学生对于"交换加数的位置，和不变"和"交换因数的位置，积不变"已有丰富的感性认识，对于交换以及对于加法和乘法意义的理解也很深刻。若把这两点都作为学生这节课的认知起点，就可以按照"提出猜想—举例验证—总结结论"的流程来设计教学。因此，教学中引导学生经历探究"加法交换律"的历程，搭建适合探究的范例式支架，使学生既能主动构建知识，又能发展抽象、概括、归纳、推理的能力。

三、巩固应用，提升新知

师：下面我们就应用所学习的两个交换律来解决问题。（课件出示题目）

练 习

根据加法交换律和乘法交换律填空。

300 + 60 = （　　　） + 300

36 × 29 = （　　　） × 36

a + 12 = （　　） + （　　）

（　　　） + 237 = 237 + （　　　）

43 × b = （　　） × （　　）

2 × 28 × 5 = 2 × （　　） × 28

【设计意图】总结规律并抽象出表达式之后，教学进入巩固环节。这一环节需要设计增强学生对规律认识和理解的巩固练习，如上述教学设计中巩固环节的题目。当学生发现熟悉的加法和乘法验算时使用了交换律，学生的已有知识迅速被重新建构。这样的练习设计，要着眼于对运算结构和数据两大特征的理解，还需要关注运算律的价值体现。学习运算律是为了什么？虽说运算律的应用在后续的学习中还有专门的课时安排，然而在学习运算律的课上需要恰当地体现应用性。

四、总结评价

师：这节课有什么收获？

生：我知道了两个交换律。

师：这是我们这节课的重点研究内容。（板书课题：交换律）

生：我学会了"观察—猜想—验证—结论"这一探究数学问题的方法。

师：今天的课堂上，我们一起感受了字母表示数的简约之美，经历了验证猜想的概括之美。等到将来深入学习了加法和减法的关系、乘法和除法的关系后，同学们将领会到数学的发展之美。

师：今天我们探究的加法交换律和乘法交换律是对两个数来说

的，那加法交换律和乘法交换律可以用于3个数吗？4个数？5个数呢？减法和除法有交换律吗？你能借助这节课学习的探究数学问题的方法解决一下这些问题吗？相信你一定行！

【设计意图】学生在探究过程中领悟到的思想、方法、策略以及刨根问底的精神是一生所必需的。教学打破了教材原来的编排体系，以思想方法为体系重组教材，把加法交换律与乘法交换律合二为一，组成新的教学内容，目的就是培养学生提出问题的能力。运算律的知识是密切相关的，在教学中我们要能整体设计，在探索规律、形成规律、应用规律方面要有一脉相承的整体把握，这样不仅能使教学有深度，更能让学生体会到知识是相互联系的。

【教学反思】

很多数学创造的成果，多是通过合情推理，也就是猜想而发现的。张奠宙教授在《"推测数学"是否允许存在》一文中说：数学的理解链条是"直觉—尝试—出错—推测—猜想—证明"。其中，"直觉、尝试、出错、推测、猜想"便是合情推理的一个完整过程。本节课教学在让学生经历合情推理的全过程后，再辅以"模型说理"来补充完善，最终使学生的抽象概括能力和语言表达能力得到提高，数学思维能力得到发展。

纵观这节课，有以下几点思考：

（1）为什么教师不直接把"交换加数的位置，和不变"这个司空见惯的认识作为规律加以提炼，而是称作猜想，启发学生，有意识地引导学生进行验证？从表面上看，这一环节似乎不影响学生对规律的掌握。但这绝非可有可无的教学设计。在经历了举例、计算、比较、分析的验证过程后，学生体会到举例子要想严谨、有说服力，就要多样、全面，而举例法是永远也无法穷举的。因此，在过程中，教师强调学生在探究数学问题时态度要严谨，方法要科学。

（2）为什么要在学生"例"所不及之际，启发他们换个角度，抛开"数字",用"道理"来证实猜想？学生基于对加法意义的深刻理解和丰富的感性认识，必然会从加法的意义出发，构建模型来解释"加法交换律"的存在，从而培养合情推理，以及主动运用数学模型解决问题的能力。同样，对于"乘法交换律"的概括，也是在搭建了范例式支架后让学生小组合作，独立探索，经历了"提出猜想—举例验证—总结结论"的过程。总之，论证猜想活动贯穿整个课堂，学生在交流、论证、推理、思辨的过程中体会到了数学的严谨性，也学会了从不同角度思考和解决问题。

教学案例二：《2、5的倍数的特征》

【教学内容】

人教版《义务教育课程标准实验教科书·数学》五年级上册第17—18页。

【教材分析】

这部分内容是在学生已学过因数、倍数的基础上进行教学的，是求最大公因数、最小公倍数的重要基础，也是学习约分和通分的必要前提。学生的分数运算是否熟练，取决于约分和通分掌握得是否熟练，而约分和通分是否熟练，在很大程度上取决于能不能很快地根据分子、分母的特征看出分子和分母有什么公因数，能不能很快地求出几个分数的分母的公倍数。因此，熟练掌握2、5的倍数的特征，具有十分重要的意义。

【教学目标】

（1）经历2和5的倍数的特征的探索过程，理解并掌握2和5倍数的特征，会运用这些特征判断一个数是不是2或5的倍数。

（2）学习和了解偶数和奇数的意义，会判断一个自然数是偶数还是奇数。

（3）在学习活动中培养探索意识、概括意识、合情推理能力，加深对自然数特征的认识，感受教学的奇妙，增强学习数学的积极情感。

【教学重难点】

通过自主探索发现2的倍数和5的倍数的特征。

【教学准备】

多媒体课件、学历单、练习纸。

【教学过程】

一、复习导入

师：同学们，上节课我们学习了倍数的有关知识，你会找一个数的倍数吗？

生：会。

师：请你找出5和2的倍数并在练习本上写出来。

生1：5的倍数有5，10，15，20，25，30，35，40，45，50…

生2：2的倍数有2，4，6，8，10，12，14，16，18，20…

师：5和2的倍数还有吗？有多少个？

生：无数个。

师：其实倍数的背后隐藏着许多数学的奥秘，想不想一起来研究。这节课我们就踏上探索之旅，一起来研究2和5的倍数的特征。

（板书课题：2和5的倍数的特征）

【设计意图】从上节课所学的倍数引入，很自然地建立新旧知识之间的联系，引入新课。

二、自主探究

1.研究5的倍数的特征

师：先研究5的倍数的特征好吗？

师：同学们，仔细观察这些5的倍数，看它们有哪些共同的特征？

先让学生独立思考，再在小组内交流。

组1：我们发现5的这些倍数的个位上都是5或0。

师：同意吗？我们一起来看看。

课件出示：

<pre>
个   个
位   位
5   10
15   20
25   30
35   40
45   50
                 ……
</pre>

师：看来确实像刚才那位同学说的一样，这些5的倍数的个位上都是5或0。那么5的倍数有多少个？

生：无数个。

师：那没有写出来的5的倍数的个位上也是0或5吗？大胆猜想一下，所有5的倍数会有什么特征？

生：所有5的倍数的个位上都是0或5。

师：我们的猜想到底对不对呢？有没有办法验证？

生1：可以举个例子：任意用一个不是0的数乘5看看积的个位上是不是5或0。

师：你可以举个例子吗？

生2：$105 \times 5 = 525$，$300 \times 5 = 1500$。

师：还有不一样的方法吗？

生：用个位上是0或5的数除以5，如果商是整数，就说明这个数是5的倍数。比如，$200 \div 5 = 40$，200是5的倍数，$133565 \div 5 = 26713$，说明133565是5的倍数。

生3：老师，还可以找反例，用个位上不是0或5的数除以5，看看商是不是整数。比如，$306 \div 5 = 61.2$，说明306不是5的倍数。

师：这样的例子还有多少个？（很多个。）能举得完吗？（举不完。）那我们举的这些例子可不可以证明我们的猜想是正确的？

生：可以。

师：我们一起把猜想变成结论，写下来吧。（师板书：个位上是0或5的数都是5的倍数）

师：知道了5的倍数的特征，能不能快速地判断一个数是不是5的倍数？好，快速拿出练习纸完成第一题。（出示课件）

下列的数哪些是5的倍数？

11111　　200　　115　　36　　605　　314　　75　　53

5的倍数

师：请一位同学说一说5的倍数有哪些，怎样判断最快？

师：看来要想判断一个数是不是5的倍数，只要看个位上是不是0或5就行了。5的倍数的特征研究完了，我们一起回想一下，刚才是怎样研究的？先怎样？再怎样？又怎样？谁能试着说一说？

生：先观察数，再猜想，再验证，最后得出结论。

师：说得很好，非常善于总结。刚才我们是先观察5的倍数，再提出了猜想，又用举例子的方法进行了验证，最后得出了结论：个位上是0或5的数都是5的倍数。

课件出示：

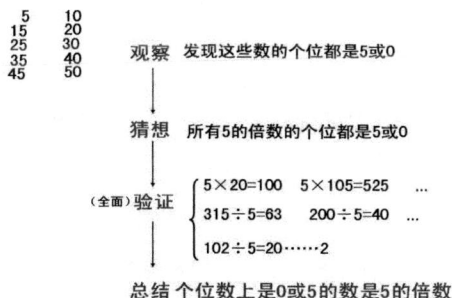

【设计意图】提供两种不同的材料,让学生任选一种来研究5的倍数的特征,体现了尊重学生个性化发展的教学理念。更重要的是,通过引导学生探索5的倍数的特征,搭建了范例式支架,为下一步自主探究2的倍数的特征做了铺垫。

师:同学们真了不起,用了十几分钟的时间不仅探究出了5的倍数的特征,还总结出了一套研究问题的方法。那你能独立研究2的倍数的特征吗?

生:能。

师:好,听清要求:请你们小组合作,用研究5的倍数的方法研究2的倍数的特征,并且完成研究方案。

2.研究2的倍数的特征

组1展示:

2的倍数的特征学历单

2	4	6	8	10	12	14	16
18	20	22	24	26	28	30	32
34	36	38	40	……			

观察2的这些倍数,我们发现:

这些2的倍数个位上都是0.2.4.6.8

提出猜想:

所有个位上是0.2.4.6.8的数都是2的倍数。

我们的验证:

62÷2=31   246÷2=123   924÷2=462

9368÷2=4684   6890÷2=3445   反:2653÷2=13476.5

我们的结论:

个位上是0.2.4.6.8的数都是2的倍数。

组2展示：

2 的倍数的特征学历单

2	4	6	8	10	12	14	16
18	20	22	24	26	28	30	32
34	36	38	40	......			

观察 2 的这些倍数，我们发现：

所有2的倍数都是2.4.6.8.0.

提出猜想：

所有2的倍数都是2.4.6.8.0.

我们的验证：

$127×2=254$、 $3675×2=7350$、 $31×2=62$

$878×2=1756$、 $769×2=1538$、 或如 $61÷2=30...1$

我们的结论：

所有的倍数都是2.4.6.8.0.

【设计意图】"列举—观察—猜测—验证—结论"是研究问题的基本方法和策略。学生基于5的倍数特征的研究过程中积累的活动经验，顺利地得出了2的倍数特征。

师：一起把我们的结论记下来：个位上是0，2，4，6，8的数都是2的倍数。现在知道了2的倍数的特征，你会不会判断一个数是不是2的倍数？完成练习纸上的第二题，然后交流。（出示课件）

下列数哪些是2的倍数，哪些不是2的倍数？

30 21 35 39 40 12 17 60 18 74 85 96 43

2的倍数   不是2的倍数

师：我们把自然数中是2的倍数的数叫作偶数，0也是偶数。不是2的倍数的数叫作奇数。

师：好了，咱们来做个小游戏放松一下，拿出你的学号卡，听清要求：学号是奇数的请起立，学号是偶数的也请起立。

师：观察一下有没有没站起来的同学？

生：没有。

师：都站起来了说明什么？

生：自然数不是奇数就是偶数。（师板书）

【设计意图】充分利用学号卡这一资源，在游戏中不仅加深学生对2、5倍数的特征的理解，而且认识了偶数和奇数。

三、练习提高

1.探究2，5的倍数的共同特征

师：下面题目中会找5的倍数吗？

下列数哪些是2的倍数，哪些不是2的倍数？

哪些是5的倍数，哪些既是2的又是5的倍数？

30　21　35　39　40　12　17　60　18　74　85　96　43

2的倍数

30　40　12
60　74　96

5的倍数

生：是5的倍数的有30，35，40，60，85。

师：哪些数既是2的倍数又是5的倍数？

生：30，40，60。

师：既是2的倍数又是5的倍数的数有什么特征？

生观察后交流：个位上是0的数既是2的倍数又是5的倍数。

2.解决实际问题

师：同学们真厉害，不仅研究出了2，5的倍数的特征，还研究出了它们共同的特征。那能用这些知识解决生活中遇到的问题吗？

请你完成练习纸第三题，然后在小组里交流。（出示课件）

妈妈在花店买了一些马蹄莲和郁金香。

生1：一枝郁金香5元，一枝马蹄莲10元，妈妈不管买几枝郁金香和马蹄莲花的钱都是5的倍数，那么个位上就应该是0或5，付了50元，找回的钱的个位上也应该是0或5，所以错了。

生2：一枝郁金香5元，妈妈买郁金香花的钱个位上应是0或5，一枝马蹄莲10元钱，妈妈买马蹄莲花的钱个位上应该是0，加起来花的钱的个位上应该是0或5，50-13=37，个位是7，说明找错了。

四、全课总结

师：同学们回想一下，这节课你有哪些收获？

生1：我学会了怎样判断一个数是不是2或5的倍数。

生2：我认识了奇数和偶数。

生3：我学会了研究问题的方法：观察—猜想—验证—结论。

师：同学们不仅有知识上的收获还有方法上的收获，希望在今后的学习中能用我们自己总结的方法来解决遇到的问题。

【教学反思】

学生的主体作用在这节课中得到了充分的发挥，积极的思维、热烈的气氛等均给人很大的感染。仔细分析，这节课的成功得益于以下几个方面：

（1）创造性地使用教材。教材一开始就安排学习2的倍数的特征，概括2的倍数的特征，对于学生而言难度比较大。因为2的倍数的特征是：个位上是0，2，4，6，8的数都是2的倍数。而概括5的倍数的特征相对容易得多，因为5的倍数的特征是：个位上是0或5的数都是5的倍数。针对以上情况，适当地调整教学顺序，先认识5的倍数的特征，再认识2的倍数的特征，最后认识奇数和偶数，这样设计由易到难，由简到繁，更加符合学生的认知规律。

（2）重视模型建构及数学活动经验的积累。数学教学的根本所在不仅仅是知识与技能，比知识与技能更重要的是方法与经验。在引导学生探究5的倍数的特征的过程中，为学生搭建范例式支架：观察—猜测—验证—结论。这样帮助学生先积累基本活动经验，再放手让学生独立探究2的倍数的特征。

（3）通过平等对话实现师生互动、生生互动。教师与学生是课堂生态系统中的两个主体因素。教师是学生的知心朋友，是学生的学习伙伴，学生是学习的主人。教师在本节课的教学程中，通过师生互动、生生互动，努力让课堂教学不仅是学生学习知识的过程，还是师生共同建构知识的过程，从而实现师生知识共享、情感交流、心灵沟通。整个课堂教学活动给学生创设了宽松的学习氛围，让学生始终感到课堂是一个学习知识的大家庭，任何不成熟的想法在共同的交流中都是可以变成熟的，也让学生自觉地参与到解决问题的过程中来。

（4）精心选题，发挥习题的探索性和趣味性。习题的设计力争在突出重点、突破难点、遵循学生认知规律的基础上，体现趣味性、基础性、层次性、灵活性和生活性。本节课中，教师设计的练习题有巩固作用的基本题，也有利用2、5倍数的特征灵活解决问题的应用题，可充分让学生感知数学与生活的密切联系。

整节课，各环节的过渡设计巧妙，学生对下一环节的学习无突兀感，每一步学习都有水到渠成的感觉，体现出教学的有效性。但作为教师，总怕学生不能很好地接受知识，所以在个别应放手的地方却还在牵着学生走。

第四章　学历课堂研究成效

一、学历课堂探索了学习中心教学的新样态

　　《义务教育数学课程标准（2022年版）》的公布标志着课堂教学迈入了素养时代，同时也标志着翻开了育人模式的新篇章。培育具有新时代素养的新人，是这个时代要书写的答卷。作为培育时代新人的教师一定要厘清一个问题，那就是素养不能简单使用"传递—接受"的方式来教和学。也就是说，教师不可能只用传统的言传口授的方式给学生传递某种知识来提升素养。素养时代的课堂教学，必须要转型升级，探索新的样态，建立新的课堂机制。综合国内外相关的研究表明，学生能动参与的文化性实践活动是促进学生素养发展的基本机制。2022年版课程标准中倡导要加强"做中学、用中学、创中学"的学习方式，强化学科实践，如同学科专家一样思考和探究，进行知识的获取。通俗地讲，学生只有通过能动参与和独立完成某种文化性实践活动，才有可能形成某种素养。所谓的"文化性实践"，是指学生借助文化科学知识的指导或经验，能动地参与和独立完成解决问题的实践活动。学生借助所学知识进行实践活动，在解决问题的过程中探索新的知识，完成再学习，形成能力，提升素养。由此可见，素养时代课堂教学的新样态应该是突出学生的能动与独立的学习活动。学历课堂的内涵就是积极引导学生在课堂教

学中经历学习知识的历程，在教师搭建的学习支架下展开独立的学习活动，从而达成知识的自我建构。

素养导向的课堂教学在教学的过程这要突出学生的能动性和独立性，这就需要建构新的课堂教学样态，突出学习中心。因此，从学生素养培育的角度来看，学历课堂探索了素养导向下学习中心教学的新样态，在教育教学中表现出了独有的特质。

课堂教学从"教"与"学"在教学过程中的关系及其地位的不同，可分为以教师为主的"教授中心教学"和以学生为主的"学习中心教学"。所谓"教授中心教学"，即以教师的教授（传统的指单向讲授）作为教学过程中心的教学。在这种教学中，教师设计教学目标，圈定教学内容，选择教学方式，惯用单向讲授的方式占据了主要的课堂时间和内容空间，学生学习的主要方式是跟随、顺从教师讲授的内容和记笔记，学习的发生主要是以听为主，很难有独立、主动学习的时间和内容空间。

"学习中心教学"是与"教授中心教学"相对的一种教学形态。它强调，在教学过程中教师教导的主要功能不是向学生系统讲授或传递，而是聚焦于使学生学习的状态成为能动、独立的学习，并使这种状态的学习占据主要的教学时间和教学内容空间。值得说明的是，学习中心教学所突出的"学习"是指"能动、独立的学习"。这种状态的学习是指学生不是采取被动、跟随听讲的方式来完成学习过程，而是主要运用能动和独立的合作、探究、阅读、讨论、展示、操作等方式来学习和掌握教学内容，经历完整而真实的学习历程。"能动、独立的学习"既表现在外在的学习过程中，更表现在内部的学习过程中，即能动、独立完成内化性学习所必须经历的头脑内部的信息加工、意义建构的过程，并获得相应的感受体验。简单地说，学习中心教学就是指教师通过多种引导性、促进性教导，如情境创设、动机激发、方法指导、动作示范、过程反馈、效果评价等，引起和促进学生能动参与学习活动、独立完成学习过程，并将学生能动、独立的学习置于教学过程中心的教学。因此，在学习中心教学中，教师和学生在教学过程中的角色、功能及其活动方式发生了重要改变。

学历课堂倡导教师搭建教学支架，引导学生经历学习过程的全流程，在探究的历程中让学生能动、独立完成学习活动。作为一种教学形态，学历课堂具备了学习中心教学基本的特质。在教学中，教师的教导和学生的学习都很重要。但在以学生素养发展为主要取向的教学中，基于素养发展的特殊机制，学生能动、独立的学习在教学过程中所发挥的功能是，直接促成或落实自身素养的发展；对应的教师教导功能是，激发学生能动参与学习活动并独立完成学习过程。从这个角度来看，学历课堂设计搭建的学习支架发挥的最大作用就是为学习而教，为学生搭桥铺路，发挥教师在课堂教学中应有的作用和价值。由此可见，学历课堂成为素养导向下学习中心课堂的新样态。

关于学习中心教学与教授中心教学，下面的教学案例会清晰地呈现出不同的学习效果。在小学二年级数学课堂学习"100-30-20=？"这样一个抽象的数学算式时，传统的课堂教学老师会直接教授：这叫作连减，第一个数叫被减数，计算的过程是要从被减数中减去第一个减数，然后用他们的差再减去第二个减数，最后得到差。学生听懂了这样的运算规则之后，教师便设置各种练习题让学生进行训练。"接受+操练"是典型的以"教"为主进行知识的传授，其教学目标就是让学生学会连减的知识，故学生掌握的知识是被教师教会的。

笔者提出的重学育能课堂强调素养导向，同样是这样一个知识点，需要结合生活实际在引导学生学习的过程中培养解决问题的能力。学程设计：妈妈拿了100元钱带你到快餐店吃饭，你要了一个汉堡花了30元，要了一杯饮料花了20元，那么妈妈还剩多少钱呢？这道算式被赋予了一个真实的生活情境，学生立马就会明白，并且很容易理解这一知识。为了拓展学生的思维，教师还要从另一个角度引导学生思考：如果你是收银员，在收银台结算时，你打算怎么收费呢？学生就会思考：先把购买的所有物品的价格加起来，然后再用100元减去这个总数。结合这样一个解决问题的真实情境，学生不仅学会了知识，而且还拓宽了思路，提升了解决问题的能力。相对于指向单一知识的传统课堂教学，这样的课堂教学设计注重利用真实的生活情境，引导学生经历解决问题的过程，从而提升学生的素养。这就是学历课堂呈现的学习中心教学的效果。

二、学历课堂探索了课堂教学提升思维能力的新路径

《义务教育数学课程标准（2022年版）》对核心素养提出了明晰的概念：会用数学的眼光观察现实世界；会用数学的思维思考现实世界；会用数学的语言表达现实世界。数学眼光主要表现为抽象能力、几何直观、空间观念与创新意识；数学思维主要表现为运算能力、推理意识或推理能力；数学语言主要表现为数据意识或数据观念、模型意识或模型观念、应用意识。

聚焦核心素养，不难发现数学学科独有的学科属性是发展学生的思维，所以有人称数学是"思维的体操"，这就不难理解了。其实不只是数学学科，任何一门学科都应该承担的一个重要任务就是让学生掌握所学学科的思维方式，学会运用学科领域或跨学科的学术语言进行对话。经过研究发现，学校课程对学习过程或学习经历的忽略，是导致浅表性学习的原因之一，也是影响思维能力提升的关键所在。对小学数学学科而言，小学数学的一些板块专注于浅表思维方式，重视死记硬背，由此对应的学习方式就是刷题操练，这种"接受+操练"的学习模式，近乎于抹杀学生的学科思维，更谈不上对学生素养的提升。2022年课程标准倡导学科实践，我们发现只有注重科学思维和科学语言训练的学科实践方才称得上是真正的学科实践。也就是说，学习过程可以反映学习者的能力状态，学生经历怎样的学习历程在很大程度上决定学生的能力特征和思维水平。

小学数学课堂上承载了一个重要的学习任务，就是让学生的形象思

维转化为抽象思维，学会用数学的眼光去观察，用数学的思维去思考。在教学中适当加入一些动手元素，让学生尝试着通过实验的方式做一做，去经历探究的过程，会让学生相对发达的形象思维能力成为抽象思维的先导，增强学习的兴趣，让体验更加丰富，让知识发生的路径更加多元，让思维提升更加有效。

下面通过一个让学生动手做实验的数学案例，来看看学生在教师提供的支架下是如何经历完整的学习历程的，以及对其思维能力的提升效果。

比如，课本中在加减乘除的计算部分常常会用"小棍"来展示，有些老师只是让学生看着课本上的图想象一下，如果真的拿来动手操作，他们会觉得有点浪费时间。其实，这个学习历程不能用结论式的告知所代替，动手操作摆弄的过程才是真正感知、经历、形成数感的历程。同时，这也是非常好的手脑并用的实践活动，低年级的孩子用摆弄小棍的方式理解四则运算，对形成正确的运算概念、将数学与现实联系在一起非常有价值。有的老师在教学中往往忽视这样的学习建构历程，让学生"知其然，不知其所以然"，以至出现听会了却没学懂的"夹生饭"现象。

还有，小学数学很大一部分内容都涉及图形、测量等，各种数学概念也都对应着现实中的事物，很多都可以设计成动手操作的活动。比如，在教学"认识梯形"时，由于学生在低年级就接触过梯形，教学时完全可以用画梯形的方式来唤起学生的记忆，并通过判断学生画的是否为梯形而引出梯形的性质。再如，在教学"圆柱和圆锥"时，也可以用制作这两类立体图形来帮助学生认识它们的性质，在制作时还可以加入做房屋的柱子和交通用的锥筒来增强认知感。这两类立体图形的制作有相当的难度，待制作成功，图形的性质也就呼之欲出了。因此，学生的思维转换与思维能力的提升在这一历程中可得以较好地转换与发展。

需要注意的是，课堂上的制作活动需要占用一定时间，也会吸引学生原本就不是很长的注意力，所以一定要用在教学重点或难点上，必须指向问题探究的核心。也就是说，通过完成这项动手活动，学生能够对教学内容中的核心问题有所感悟，这就要求教师在设计活动时不能跑题，要围绕教学主旨设计。但有的教师会把制作活动当成核心，那就变成手工课了。再有，动手活动要有一定的挑战性，要落在学生的最近发展区。如果可能，设计一种开放式制作活动会更有价值，比如对圆柱的制作，可以提供一些基本的材料，然后放手让学生通过自己的方式完成。学生会有很多种方法完成制作，课堂上还可以有一个简短的分享，让他们相互启发，加深对概念的理解。

动手活动需要教师在教学中不断思考、总结，一些巧思可能会带来非常大的回报。有位教师设计了一个透明的平行四边形塑料片，把它压在不同的三角形上，就能得到不同的梯形（如图7）。摆弄这个小小的教具，学生马上就能明白三角形、平行四边形和梯形的关系。

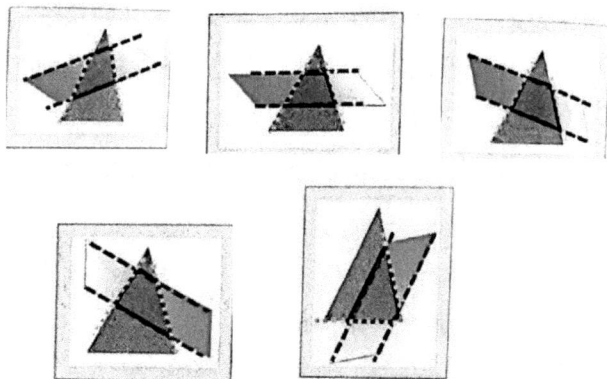

图7 教学材料展示

要让动手活动有更大的收获，一定要做好前期的铺垫工作，这种铺垫工作可以是情境的渲染，也可以是引向更深思维、能引发认知冲突的好问题，还可以是对过往经验、记忆的唤起。比如，学习三角形稳定性时，可以让学生用不同长度的铅笔拼三角形和四边形，最终学生可以发现拼出的三角形是唯一的。但更好的方式是，先让学生拼四边形，看看能拼出多少个，再让学生拼三角形，并鼓励他们也拼出多种样子。当然他们是拼不出来的，永远只是一种三角形在他们手上转来转去，这时教师的教学目标直接就达成了，这样的铺垫工作可让动手活动有更好的教学效果。

实践证明，在小学数学教学中加入更多的动手元素，让学生充分经历学习过程，可以让这门相对抽象的课程在教学质量和效果上有全方位的提升，有效达成提升思维能力、发展素养的目的。

三、学历课堂探索了内容结构改革的新策略

2022 年版数学课程标准最显著的一个特点是聚焦内容结构改革。内容问题是课程修订最具实质性的问题，是破解减负增效提质关键问题的重中之重。如果课程内容不变，核心素养理念是很难真正落地的。为此，本次修订的课程标准着力深化课程内容结构改革，以课程内容结构化促进育人方式的转变，实现减负增效提质。各个科目的课程标准在课程内容结构化方面迈出了新的改革步伐，都不同程度地采用"任务群""大观念""大主题""大单元"等设计思路和技术。虽然这些设计思路和技术的名称和形式不同，但本质上都强调内容重构和方式呈现的改革原则，即以课程核心素养为主轴，构建学习任务、大观念、大主题等以问题解决为目标的课程内容结构单位和教学单元组织形态，并以此作为内容瘦身的聚合机制和动机增强的激发机制。因此，要培养创新型人才、建设创新型国家，就必须解放学生天性，激发他们的好奇心，培养他们的创新精神。

大概念是当下教育教学改革中的一个热度词语，它是将核心素养落实到学科教学中的"锚点"。它能联结和组织碎片化的知识与技能，促进深度学习和意义理解，还能打通学校教育与真实世界的阻隔，实现灵活、广泛的学习迁移，提升学生解决真实、复杂问题的能力。大概念，通俗地讲就是站在全局地、整体地培养学生素养的高度设计教学，避免从一个狭小的视角或零散的点状能力出发进行问题设计，改变只见树木

不见森林、以偏概全的教学观点。

这样的内容结构要想在课堂教学中落地，就要改变传统教学中散点知识教学的现状，以"大概念"做统领，在"大任务"的驱动下完成知识的建构和素养的提升，而学历课堂正是探索了内容结构改革的新策略。我们来看下面一个课堂教学案例：

某位老师执教三年级的《数据收集与整理》，课上老师围绕数据的收集与整理进行了如下的教学环节：

（1）对学生一年来身高的增长进行数据的收集与整理。学生统计相关数据之后，借助课本上的统计表和统计图进行数据整理，之后对所统计的数据进行简单的分析。

（2）拓展学生需要了解的科学家。

（3）简单统计学生喜欢吃的水果。

（4）教师出示降水统计图。

（5）教师采用统计表和饼图呈现某年度全国学生伤亡情况。

从教师设计的这些教学环节来看，主要是让学生经历数据的收集与整理的过程，也就是引领学生经历建模的过程。这些数据都与学生的生活实际密切相关，学生对此没有陌生感，在一定程度上教师落实了教学目标，情境创设联结了生活，让数学课堂充满了生活的气息。这些教学环节的设计，教师遵从了数学学习的一般规律，有教、有练，学练结合，并适当进行了拓展。但是我们不难发现，学生达成收集数据与整理的目标就是经历了这样一个一个几乎不相关的生活情境，而这几个情境相对独立，它们之间没有任何关联，所起的作用就是反复让学生经历数据收集过程，不断夯实建模意识。这样的学习历程虽然能够达成收集数据的目标，但是毫不相关的情境割裂了学生数学能力的形成，不利于学生整体思维的培养。出现这样的现状，原因是教师在课堂教学的设计理念上，只是从完成某个知识的角度或某项能力的视角进行了教学设计，没有从学生数学素养的高度或学生发展的整体教学进行设计。这种教学理念的欠缺恰恰就是缺乏"大概念"引领下的教学思考，课堂教学知识碎片化，所造成的结果就是既不利于学生能力的形成，也不利于学生整体素养的提高。

如果教师在大概念的统领之下设计教学，所采用的教学素材稍作调整，把相关的情境构建成一个任务群，形成一个学习的闭环，这样的学习历程就会有效规避知识学习的碎片化。这节数学课的"大概念"可以提取为：通过对同学们一年的身高变化情况进行数据的收集与整理，在数据分析的基础上，以数据为支撑为同学们健康成长提出合理化的建议。

在这个大概念的引领下，有了大任务的学习驱动，教学环节可以调整如下：

（1）对学生一年来身高的增长进行数据的收集与整理。学生统计相关数据之后，借助课本上的统计表和统计图进行数据的整理。之后对所统计的数据进行分析，哪一类同学身高增长幅度较大，哪一类同学身高增长幅度较小，这两类同学分别是谁？

（2）对同学们运动情况及时进行数据的收集与整理。统计完相关数据之后，对数据进行分析，喜欢运动的同学平均每天的运动时长情况如何，运动时长最长的同学和运动时长最短的同学分别是谁？

（3）对同学们喜欢吃的水果情况进行统计。统计完相关数据之后，进行数据分析，最喜欢吃的水果有哪些？

（4）对以上三组数据进行对比分析，可以对同学们的健康成长提出哪些合理化的建议？

在大概念的统领下，学生经历数据的收集与整理这样一个建模过程，在大任务的学习驱动下，课堂不再是一个零散孤立的知识要点的学习，而是为解决后面的任务所完成的一个必要环节，与此同时，学生也会经历统计知识学习的必要性。这样一个历程让学习有了深度的发生，不再是要求学生反复经历建模过程，而是重点落脚到对数据的分析，并在对数据进行比对与加工之后提出合理化的建议。这一任务的驱动让学习不再停留在浅显的数据收集与统计的建模层面，而是走向了用数据做支撑，用数学知识解决生活中真实问题的高度。学生最终在三组数据的对比之后会发现：身高增幅最快的同学，一定有喜欢的运动项目并且运动量也相对较大，还有自己喜欢吃的水果，饮食科学健康。课堂结束之时，教师要用这些数据为学生健康成长提出合理化的建议。

数据的收集是学生从生活现象到数学知识的抽象转化过程，数据的整理是学生建模与逻辑推理的过程，三组数据的对比则是学生数据分析的过程，数据分析之后的结论才是学生运用数学知识解决真实问题的最终目标。先经历从生活中提取数学问题，再经历数学知识的建构过程，最终运用数学知识来解决生活中的真实问题，这样的闭环学习才是真正发展学生数学素养的过程。

四、学历课堂探索了教与学的课堂教学新理念

学历课堂转变了教师的课堂教学理念。学历课堂上，教师是学生学习的推动者，学生是学习的主体，教师的教不能替代学生的学，任何知识的获取都需要学习主体进行主观的思维活动。所以，教师不再是课堂主体，而是要走到学生中间，为学生的学习搭建学习支架，成为学生学习机会的提供者、学习行为的催生者、学习行为发生的助推者、学习结果的分享者。

例如，课前师生共同拟定课堂"协议"，分享课堂规则的制定权，让学生在课堂上明确人人都要遵循自己制定的规则，如"每个人的想法都有权说出来""没有错误的观点，没有讽刺""聆听每一个人的发言"等。这些规则可以让学生能够感受到在课堂的运转中有他们的声音，也能让学生在情绪控制的表现上更为出色，成为更负责任的学习者。显然，这是学历课堂中教师对学生学习发生的催生行为。

在课堂学习方面，教师提供学习支架，要退居为"幕后导演"或"最佳听众"。教师提出学习任务、给出学习支架后，让学生走在学习道路中间，然后作为点播者、启发者和监督者，把学习的时间、过程提供

给学生，摒弃个人的讲解，让学生自己探索。对学习过程中出现的问题，有针对性地让学生经历再学习、再认识的过程，提高知识的掌握程度，将知识的学习引向深入。

（1）学历课堂改变了学生的学习方式。传统的课堂教学，学生的学习方式主要是听老师讲解这种接受式学习，当然这种学习方式可以很好地传递知识培养技能，然而这种方式不利于提升学生的核心素养。另外在相当长一段时间内，我们都认为学习是学习主体个人的主观行为，是个体化的，不是必须要和其他人发生联系的，也不一定要在一个学习群体中共同完成学习的任务。所以，在传统的教学中，教师把大量的时间和精力放在学习者和学习材料之间、教师和学生之间的交互上，而忽视了学生之间的交互问题。但是随着社会进步和时代的发展，合作互助、结成学习共同体已经成为解决各类问题的重要因素。

学历课堂改变了学生的学习方式，要把接受式学习转变为自主探究式学习，要把学生由独立开展学习引向共同体学习，发展学生的合作探究能力，成为一个适应未来发展的人。在学历课堂上，学习共同体成为一个关键词，学生的合作交流不再是优秀者的独舞，而是学习共同体的研讨；学生的学习方式不再只是听讲接受、师生互学，更多的是生生互学。在小组学习的经历中，数学学习可以迸发出更多的思维火花。学历课堂上学历单的完成过程中，虽然学生获得的知识层次不同，收获也各不相同，但是他们都对问题进行了充分的思考。学习共同体中每一个学生都具备听者和教者的双重身份，这样的学习和交流不再流于形式，而是真实的经历。

（2）学历课堂让学习目标从"关注结果"到"凸显过程"。学习力的提升是一次次学习历程经验的累积。只有掌握了学习的方法，构建了知识的模型，学习才会变得轻松而自然。学历课堂秉承让学生"知其然，更知其所以然"的理念，注重展示学生解决问题的结果，更加凸显学生解决问题的思考过程。小步子，搭梯子，这样学生自己就可以在课堂上运用学历单开展学习，这个过程可能是：独立思考，自己解决问题；借助教材，学习教材，将教材上的知识内化为自己的知识，然后解决问题；学习教材，教师指导，找到解决问题的思路，然后自己解决问题……无论哪种方式，学生都是经历了完整的学习过程。在这个过程中，要让教材上"死"的知识"活"起来，这个"活"起来的重要载体就是学生，学生通过自己动脑筋、动嘴巴、动小手，一步一步解决问题，不仅获得知识，而且获得解决问题的方法。

在学历课堂上，"历学"之后的学习，目标指向不再仅仅是知识与技能，更注重过程与方法；不再让"怎么学"流于形式，而是以知识为载体，将学习方法的获得引向纵深。学历课堂让学生在学习的过程中清楚地看到自己的学习痕迹，并从中感悟学习的方法，形成学习的能力，而不仅仅是获取单纯的知识。我们要让学生富有智慧地成长，经历自己学习的过程，在历学中历练，在历学中发展。